黎廣基古典文獻研究論集

戰國楚竹書（二）研究

黎廣基　著

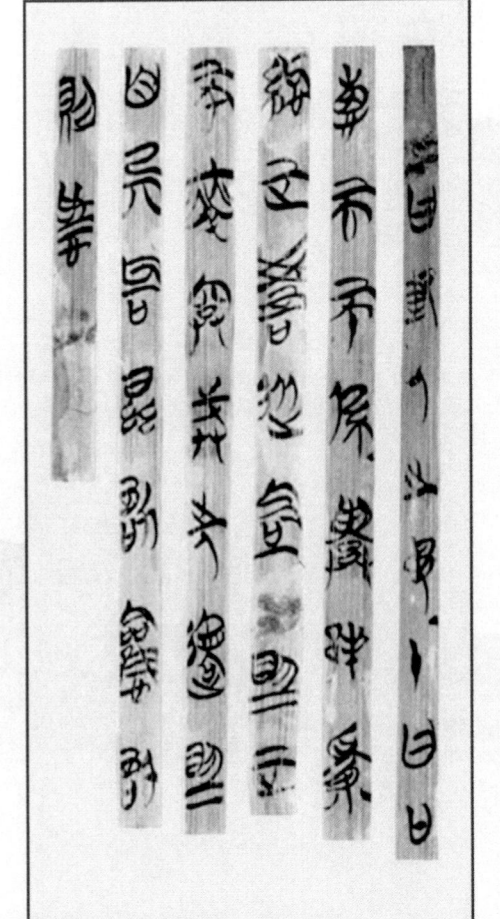

心一堂
Śūnyatā

書名：黎廣基古典文獻研究論集　戰國楚竹書（二）研究
系列：中國語言文字學、古籍訓詁、楚簡研究
黎廣基　著
責任編輯：陳劍聰

出版：心一堂有限公司
通訊地址：香港九龍旺角彌敦道610號荷李活商業中心十八樓05-06室
深港讀者服務中心：中國深圳市羅湖區立新路六號羅湖商業大廈負一層008室
電話號碼：（852）90277110
網址：publish.sunyata.cc
電郵：sunyatabook@gmail.com
網店：http：//book.sunyata.cc
淘宝店地址：https：//shop210782774.taobao.com
微店地址：https：//weidian.com/s/1212826297
臉書：　https：//www.facebook.com/sunyatabook
讀者論壇：http：//bbs.sunyata.cc

香港發行：香港聯合書刊物流有限公司
地址：香港新界荃灣德士古道220～248號荃灣工業中心16樓
電話：(852) 2150 2100　傳真：(852) 2407 3062
電郵：info@suplogistics.com.hk
網址：http://www.suplogistics.com.hk

台灣發行：秀威資訊科技股份有限公司
地址：台灣台北市內湖區瑞光路七十六巷六十五號一樓
電話號碼：+886-2-2796-3638　傳真號碼：+886-2-2796-1377
網絡書店：www.bodbooks.com.tw
台灣秀威讀者服務中心：
地址：台灣台北市中山區松江路二0九號1樓
電話號碼：+886-2-2518-0207
傳真號碼：+886-2-2518-0778
網址：www.govbooks.com.tw

中國大陸發行 零售：深圳心一堂文化傳播有限公司
地址：深圳市羅湖區立新路六號羅湖商業大廈負一層008室
電話號碼：(86) 0755-82224934

版次：二零二一年二月初版
平裝

定價：港幣　　一佰四十八元正
　　　新台幣　五佰九十八元正

國際書號　978-988-8583-64-5

心一堂微店二維碼　　心一堂淘寶店二維碼

本書為中華文化學術研究會出版項目成果

目錄

周錫䪽序

香港地處南海，魚龍曼衍，藏珍納怪，從來不乏人才。本書作者黎廣基博士便是其中之一位。

黎君為香港人，從小對文學藝術尤其是中國的傳統文化學術深感興趣，不斷孜孜以求。為了探本尋源，他曾到章（太炎）黃（侃）學派的重鎮中國南京師大和南京大學求學、研究多年，於經學與文字音韻訓詁之學方面打下了紮實的根基。為採擷新知，融通中外，又到香港大學深造，並先後取得哲學碩士與哲學博士（Ph. D）學位。其讀研之際，余適在系中任教，時有往來，故對其學術情況頗有瞭解。

黎君刻苦勤奮，業精而博，常有睿見，尤長於訓詁學、經學、簡帛學及古典文學等（而對西洋音樂亦有相當造詣），曾發表專業論文多篇，屢為海內外學者引用並獲好評。以余所見，在本港國學界中，黎博士堪稱真正能沈潛研究、獨具心得且又熱心教學的一位優秀人才。

近人王國維（1877-1927）說過：「古今之成大事業、大學問者，必經過三種境界：『昨夜西風凋碧樹。獨上高樓，望盡天涯路。』此第一境也。『衣帶漸寬終不悔，為伊消得人憔悴。』此第二境也。『眾裡尋他千百度，驀然回首，那人卻在，燈火闌珊處。』此第三境也。」（《人間詞話》）那便是著名的「三種境界」說。其實，不一定要大學問，就算一般的學術研究，要取得

1

成果，通常也會經歷類似的過程。不過，需要補充的是，所取得的成績，也可以大分為三種類別：第一種是「自圓其說」，第二種是「自成一說」，第三種是「唯此一說」；唯此一說是最高境界。我認為，這另一「三種境界」說可以作為衡量學術成就高低的一個可靠標準。

所謂「自圓其說」者，是指研究的結論能夠滿足論者自設的前提，但其「前設」卻不一定能取得大眾的認可。「自成一說」者是在現有的成說之外，能提出亦可為較多人首肯的新的見解，它比「自圓其說」當然要高出一個層次。而「唯此一說」則是能作出板上釘釘、無可動搖的（至少到現階段為止）最合理的結論，那無疑是廣大學者心目中普遍追求的至善境界。

依我個人之見，黎君此書中如解密《夙夜基命宥密》與《日述月相》等篇，見解精到，考證詳密，闡述中肯，言人所未能言，解決了傳統《詩經》研究與近世簡帛研究中一些難度相當高、甚具爭議性的問題，便達到了「唯此一說」之境，實在難能可貴。而其他還有如「教之以刑則避」、「威則民不道」、「雍戒先匿，則罪紀治」以及「強弱不辭讓，眾寡不聽容」等等多篇，其考證銓釋，亦具見功力，都是佳作。總體而論，黎廣基博士這本足夠分量的學術論著，是近年香港國學文化研究領域一個十分可喜的收獲，值得鄭重推介。

本序行文之日，恰值香港島黑雲壓城、烽煙四起之際，人心浮動之時。許多朋友戚心，經此一役，就算「洪荒再造」，這顆

「東方之珠」恐怕也將黯然失色了。我沒有水晶球，但我相信，香港不是「茅屋」，沒那麼容易「為秋風」所「破」，所以，諸位儘可放心，經刮垢磨光之後，必還你一顆更璀璨的明珠！干寶《搜神記》載：「南海⋯⋯有鮫人，其眼泣則能出珠。」香港不需要眼淚，她流出的是珍珠！可以預期，烏雲散後，天朗氣清，南海大灣區（粵、港、澳）定將加速成形，迅猛發展，這方寶地，將湧現更多人才，結出琳琅碩果，纍纍如貫珠。屆時，香港這顆「東方之珠」的面貌，又將煥然一新了。

是為序。

二〇一九年九月一日，多事之秋，周錫䪖書於港島天南海北之樓。

自序

我於2007年完成了博士論文，之後因為出版需要，陸續作了一些修改。翌年，我到南京大學從事博士後研究工作，針對原來的一個篇章，進行重寫，並發表於《人文中國學報》第十五期（2009.09）。是次結集出版，收錄了這篇修訂過的文章，而非原來博士論文之舊，這是應該要說明的。

這本小書以出土文獻的考釋為主，內容牽涉到古文字的領域，電腦處理的難度很大，為此，我親自作了全書的校對。如讀者對個別字形的清晰度有更高的要求，可登入香港大學學術庫的官方網頁下載原文，進行比勘，網址是http://hub.hku.hk/handle/10722/50516。

翻閱舊文，思憶紛陳......！

記得1997年冬，我拜到徐復先生門下。先師以八十六歲之高齡，躬自董理太炎先生之遺著，積稿至三數尺，此即後來出版之《〈訄書〉詳注》也。先師得悉我喜讀《劉申叔先生遺書》，錯愛有加，閉門授學，歷時三載。其間所撰劄記，皆呈先師錫正，而先師亦親授我章黃之學。故本書之每一篇文章，必以聲音訓詁為根本，以清儒之樸學為矩矱，無徵不信，實事求是。我想，細

心閱讀本書的讀者，應能看到作者之宗趣。

1999年，臧克和老師的《尚書文字校詁》出版。當時我從臧師學習訓詁學，對其《尚書》之研究，多有所聞。《校詁》一書，善於繼承清儒及近人研究成果，援引甲骨文、金文等古文字材料來考釋文字，多有創獲，突過前哲，其校勘及考釋之方法均極具參考價值。我依循這個蹊徑，逐步接觸到王國維、于省吾、楊樹達、屈萬里等先生的著作。其中尤以王國維所倡之「二重證據」法，對我影響最大。我於一篇有關《尚書》考證的文章（〈《尚書·無逸篇》新證〉，1999）中說：

> 近年大量出土的鐘鼎銘文，篇幅完整，記事殷翔，都是清末民國諸儒所不能夢見的珍貴材料。因此，本文在列舉今古文異說之後，盡可能援引同時代的傳世文獻或出土文獻作為參證，然後利用傳統校勘學、文字學、聲韻學、訓詁學的方法，正其句讀，辨其訛誤，叶其聲韻，通其義理，最後定其是非，加以裁斷。……《尚書》本屬史書，藉史以定字，因文以證史，應該是理想的研究方法。

這篇文章，乃由我的文字學老師施謝捷先生悉心指導。我想，如果我有幸在出土文獻的研究上，在運用"二重證據"的方法上有任何創獲，臧克和及施謝捷兩位老師對我的幫助及影響是最大

的。這裡，趁著這本小書的出版，我向他們的厚愛和教導表示最衷心的謝意！

2009年，我到北京人民大學試講，並有幸獲得通過，聘為高級講師／副教授。當時的講題，是關於《詩・周頌・昊天有成命》「夙夜基命宥密」一句的考釋，也是本書第二章〈本論〉的首篇。雖然，最後由於種種逼不得已的原因未能赴任，但對於當時人民大學文學院院長楊惠林教授、黨委書記兼副院長王貴元教授、行政處胡伶俐小姐的誠意及幫助，直到今天，我還是衷心感激的。之後，我也無可奈何地回到香港。

從2009年到現在，歷時十載。本書不少文章，均已單篇出版。這裡，我要特別感謝武漢大學的陳偉教授及華東師範大學的臧克和教授，由於他們的幫忙，這些文章才能夠得以問世。值得慶幸的是，這些文章似乎引起了學術界的一些注意，徵引及討論不絕。部分發表論文，已被國內一些文獻類目所著錄。而美國達慕思大學教授Sarah Allan的《Buried Ideas: Legends of Abdication and Ideal Government in Early Chinese Bamboo-Slip Manuscripts》（State University of New York Press,2016），也將拙文著錄於參考文獻（Bibliography）中。這是讓筆者感到鼓舞和欣慰的。然而這些文章，散見於各種學術期刊或集刊中，搜尋不易；而原來的博士論文，也不是一般讀者所能知悉或得見。筆者偶爾翻閱舊文，

覺得這些寫作於多年前的文章，至今仍有其參考價值，不少觀點也沒因時間而淘汰，可以保留。因此重新將這些文章校閱一次，匯集成書，不論是對學術界或廣大讀者，也許仍有一些裨益，這是筆者所最樂意見到的。而對於這些已出版的文章，不管是引用或著錄，批評或讚賞，本人對關注這些文章的學者、專家、前輩、老師，均致以萬二分的謝意！因為，學術研究是寂寞的事。如果學術界能夠向我提出寶貴的批評或意見，匡正我的錯謬，令我在學術研究的路上有所裨益，我認為，作為一個傳統的讀書人，這是最喜樂不過的事了。

此外，我還要感謝任義建先生！本書的出版，主要是得到任先生的鼓勵及慷慨襄助。任先生本著弘揚中國文化的宗旨，不問報酬或收穫，在今天經濟掛帥的社會，誠屬難能。對此，本人衷心致謝！最後，我也要感謝香港大學的單周堯教授，謝謝他的悉心指導，使本博士論文能夠順利完成。

記得約三年前，我在常州化龍巷的呂思勉紀念館，讀到以下的一段文字：

我願世之有有志於學問者，勉為真正的學者。如何則可為真正的學者？絕去名利之念而已。顯以為名者，或陰為利：即不然，而名亦是一種利，所以簡言之，還只是一個利

字。不誠無物，種瓜不會得豆，種豆不會得瓜。自利，從來未聞成為一種學問；志在自利，就是志在非學；志在非學，而欲成為學者，豈非種瓜而欲得豆，種豆而欲得瓜？不誠安得有物？然則學問欲求有成，亦在嚴義利之辯而已。

當時的我，站立在化龍巷街頭，感慨良多……。對呂先生以上的教誨，自問這許多年，克能做到；然而，亦誠如呂先生所言，志於求學，所得亦盡在於學，名利均闕如也。孔子云：「求仁而得仁，又何怨？」（《論語•述而》）我希望通過這本小書的出版，能引起學術界的一點點關注；也希望這一點點的關注，能成為我日後的鼓勵，將許多蓄積已久的想法，通過一部一部的著作呈現出來，以供讀者參考、批評和指正。

　　說到這裡，我還要特別感謝我的母校南京師範大學的諸位老師，尤其是趙生群老師的悉心關顧和教導，令我這個香港的留學生，在古文獻專業裡得到最好的栽培，這是我永不會忘記的！是為序。

二零一九年黎廣基識

Email: nineriver9800@yahoo.com.hk

Wechat id: wxid_d63huhmgu6pg22

第一章　序論

（一）

　　1994年，香港的文物市場出現了一批流失的竹簡，經過馬承源（1928-2004）、張光裕及其他數位先生的共同努力，最後以五十五萬港元購得，並送歸上海博物館所有。

　　這批竹簡共有一千二百餘支，三萬五千餘字。通過年代測定，證實屬於戰國晚期，為「楚國遷郢都以前貴族墓中的隨葬物」①。而根據已公佈的資料，竹簡內容十分豐富，有學者曾對此作過扼要的概括，如沈頌金（1964-2003）《二十世紀簡帛學研究》云：

　　　　（竹簡）內容涵蓋儒家、道家、雜家、兵家等各個方面，涉及的主要古籍有《易經》、《詩論》、《緇衣》、《子羔》、《孔子閒居》、《彭祖》、《樂禮》、《曾子》、《武王踐阼》、《賦》、《子路》、《恒先》、《曹沫之陳》、《夫子答史留問》、《四帝二王》、《曾子立孝》、《顏淵》、《樂書》、《魯邦大旱》、《卜書》等約100種先秦古籍，文字三萬餘，內容涉及政論、歷史、哲

---

① 見陳燮君（1952-）《上海博物館藏戰國楚竹書（一）·序》，上海：上海古籍出版社，2001。

學、宗教、文學、音樂、語言文字、軍事等各個方面，全部是秦始皇焚書坑儒之前原始的戰國古籍，只有不到十種能和流傳至今的先秦古籍相對照。……總之，這批戰國竹書對先秦戰國時期的政治、歷史、思想文化、學術等領域的研究，填補眾多空白，將產生極大影響。②

而由始至今積極推動研究工作的馬承源先生，更宣稱這是「先秦古籍一次非同尋常的發現」③。事實上，自竹簡抵滬之後，工作人員便馬上進行脫水和去污等修復工作，而有關竹簡編聯及文字釋讀的整理工作亦隨即展開。但由於竹簡頗有殘散，又缺乏今本對照，董理費時，故直至2001年底，這批珍貴的先秦遺簡才陸續刊佈。

（二）

《上海博物館藏戰國楚竹書（一）》出版於2001年11月，內容包括《孔子詩論》、《紂衣》及《性情論》三種。除《孔子詩論》外，其餘兩篇的內容已見於較早前公佈的郭店楚簡，即《緇衣》及《性自命出》，而文字、分章略有差異。由於《孔子詩

---

② 見沈頌金《二十世紀簡帛學研究》，北京：學苑出版社，2003，頁632。

③ 見馬承源《上海博物館藏戰國楚竹書（一）‧前言：戰國楚竹書的發現保護和整理》，同注1。

論》是「前所未見的先秦遺籍，最為珍貴」④，故甫一刊佈，馬上便成為學界討論的焦點；而從事《紂衣》及《性情論》研究的亦大不乏人。上海大學古代文明研究中心的謝維揚教授說：

> 上海博物館藏戰國楚竹書首批資料刊佈後，引起學術界高度關注，各種研究成果迅速湧現，已經形成繼郭店楚簡發佈後古史和古代文獻研究中一個新的十分活躍而重要的研究領域。⑤

可見上博簡的出版，在當時的學術界產生了很大的迴響。研究論文如雨後春筍，大規模的研討會亦接二連三地舉行⑥。而翌年3月出版的《上博館藏戰國楚竹書研究》，具體而集中地反映了當時

---

④ 語見彭裕商（1949-）〈讀《戰國楚竹書（一）》隨記三則〉，謝維揚（1947-）、朱淵清主編《新出土文獻與古代文明研究》，上海：上海大學出版社，2004，頁81。

⑤ 見謝維揚《上博館藏戰國楚竹書研究・序》，上海：上海書店出版社，2002，頁1。

⑥ 沈頌金《二十世紀簡帛學研究》云：「2002年初，中國社會科學院歷史所中國思想史研究室、《中國哲學》編輯部和《國際簡帛研究通訊》編輯部共同發起的『楚簡《詩論》學術研討會』在歷史所召開，來自古文字學、古文獻學、《詩經》學、中國思想史等學科的專家學者近50人參加了會議，就上博簡《詩論》及其相關問題作了深入探討。3月，清華大學思想文化研究所和輔仁大學文學院聯合主辦了『新出楚簡與儒學思想國際學術研討會』，7月，上海大學古代文明研究中心舉辦了『新出土文獻與古代文明研究國際學術研討會』，8月，安徽大學舉行了『新世紀歷史文獻前沿論壇研討會』，上博簡成為與會學者討論的焦點話題。」（同注2，頁634-635。）

研究的成果。值得注意的是，為該書撰序的謝維揚教授，曾在序言中高度評價上博簡的價值，認為它內容之深廣，猶愈於稍前的郭店楚簡。謝文云：

> 本書各篇論文所集中討論的上海博物館藏戰國楚竹書，是有史以來出土的最大宗的早期文獻文本實物資料，其簡文的數量和對古代文獻文本情況反映的廣度與深度均超過了郭店楚簡。有了這宗資料，人們對古代文獻總體和文獻傳統的全面表現的認識無疑將大大推進，建立具有現代水準的古代研究史料學基本概念與規範的任務可望有真正實質性的重大突破。這對於古史和其他中國古代問題研究的意義很可能是革命性的。這應該是包括郭店楚簡、上海博物館藏楚簡在內的新出土古代文獻文本實物對於整個中國古代歷史與古代文獻研究的最重要的價值，對這方面問題研究的意義將是極其深遠的。[7]

而李學勤先生（1933-2019）於同月舉行，由清華大學與輔仁大學聯合主辦的「新出楚簡與儒家思想國際學術研討會」中，也充分肯定上博簡的價值。他說：

---

[7] 同註5，頁3。

我特別想指出，作為這次討論會的主題，上博簡中的《詩論》以及郭店簡的所涉及的內容已經是中國傳統文化中最核心、最重要的部分。大家都會同意，當我們談到先秦，比如儒家從孔子以後到七十子以及七十子的弟子等早期的儒家著作，又比如戰國時代的《老子》這樣的著作，像這樣的材料的新發現當然會影響到我們傳統文化的最核心的部分，因為這些材料都是最重要的，他們的影響是可以預見的。[8]

謝、李兩位先生的說話，不但中肯，而且富於遠見。不過他們當時看到的上博簡，僅僅是冰山一角，因為在同年12月，上海古籍出版社又出版了第二批的材料，這就是《上海博物館藏戰國楚竹書（二）》。

（三）

《上海博物館藏戰國楚竹書（二）》共收錄竹書六種，包括《民之父母》、《子羔》、《魯邦大旱》、《從政（甲篇、乙篇）》、《昔者君老》及《容成氏》。除《民之父母》的內容已見於《禮記·孔子閒居》及《孔子家語·論禮》外，其餘均是前

---

[8] 見〈李學勤先生清華大學「新出楚簡與儒家思想國際學術研討會」上的演講〉，中國傳統文化網／歷史人民／文物考古／考古縱橫，http://www.enweiculture.com。

所未見的原始文獻，其重要性不言而喻。

　　2003年初，中國社會科學院歷史研究所中國思想史研究室組織發起了「上海博物館藏戰國楚竹書（二）學術研討會」，共有二十多名來自北京大學、清華大學及中國社會科學院等研究機構的專門學者出席，對竹簡的文字釋讀、簡序編聯、思想內容以至文獻的學派歸屬等提出了不少意見。如鍾肇鵬先生（1925-）認為，「本次公佈的楚簡，與《禮記》類文獻有較大的關聯，可以視為《禮記》的佚篇」⑨，概括地揭示出竹書的文獻性質。同年3月，華中師範大學聯合武漢大學及湖北省社會科學院，召開了「上海博物館藏戰國楚竹書學術研討會」，參與的專家、學者共四十餘人。而在二十多篇論文當中，有十五篇與《上海博物館藏戰國楚竹書》直接相關，佔了總數的泰半。據華中師範大學文學院的有關報導，「這些論文從文字隸定、簡文釋讀到思想詮釋、文化考察等不同角度對新出楚簡進行了觀照。」⑩可見研究的方向是多方面的。此外，同年10月，香港中文大學舉辦了「第四屆國際中國古文字學研討會」，其中專門討論《上海博物館藏戰國楚竹書（二）》的論文便有七篇。凡此種種，都反映出學術界對這課題的重視。

---

⑨ 見〈「上海博物館藏戰國楚竹書（二）學術研討會」1月10日在北京召開〉，孔子2000網站，http://www.confucius2000.com/scholar/shgccj2xsythzk.htm，2003年1月11日。

⑩ 見〈「上海博物館藏戰國楚竹書學術研討會」綜述〉，簡帛研究網，http://www.jianbo.org/ xyxw/2003/suiran01.htm。

事實上，對於上博楚簡（二）的價值，沈頌金先生曾作過這樣的評價：

　　　　（竹書）內容涉及傳說時代文明與古史，又有孔子與子夏論詩，孔子與子羔評說遠古帝王，孔子與魯哀公討論治國之道，還有與《禮記》相類的佚書。這對文明起源、從傳說時代到夏商周古史、先秦詩學、禮學、儒家思想、古文字等領域的研究，意義重大。⑪

然而筆者認為，要全面認識這批新出竹簡的學術價值，現在還言之過早。尤其是關於竹書的思想、文化等方面的研究，必須在充分解決竹簡編聯、隸定及釋讀等基本問題之後，才能夠有效地展開。《上海博物館藏戰國楚竹書（二）》的〈釋文〉及〈考釋〉部分，雖然對此做了一些開拓性的工作，篳路藍縷，但因為缺乏傳世文獻參照，遺留下來的問題很多。而學術界有關方面的研究，目下尚處於起步階段，水準良莠不齊，很多重要的問題至今仍然懸而未決。華南師範大學的張桂光先生（1948-），曾指出過當前研究的一些通病，他說：

　　　　20世紀後半葉，特別是世紀末，隨著戰國及秦漢簡帛的大

---

⑪ 同注 2，頁 648。

量出土，在21世紀初葉掀起了又一個古文字研究熱潮，……但是，研究並非都盡如人意，簡便快捷往往不利研究的深入，釋字滿足於與傳世文獻的比附而對字形不加深究，因而為形近字所蒙蔽，這是當前存在的一種普遍的現象。⑫

張氏的批評，可謂一針見血。這些務求「簡便快捷」、急功近利的研究，不但未能真正解決問題，反而令原有的問題更趨複雜，治絲益棼。

因此，正確地指出和糾正原書在隸定、釋讀等方面的謬誤，不啻是研究者當前的首要任務。

（四）

本論文的撰作，即以《上海博物館藏戰國楚竹書（二）》為研究對象，針對其釋文和考釋上一些值得商榷或富爭議性的問題，進行專題研究，以期匡正一些曠日彌久的謬誤。至於研究方法，首先是通過對現有成果的綜合分析，去蕪存菁，然後依據簡文特定的語言環境及文化內涵，結合文獻學、文字學、聲韻學、訓詁學等多重研究方法，從事專門而深入的考證，從而得出客觀可信的結論。現

---

⑫ 見張桂光〈新世紀古文字研究的若干思考〉，《第四屆國際中國文字學研討會論文集》，香港中文大學中國語言及文學系，2003 年，頁 383。

在，筆者嘗試將研究的各個步驟和細節，依次說明如下：

一、搜集紙上資料。這主要包括學者已出版的專著和論文。由於上博楚簡是當前學術界討論的熱點，有關研究不計其數。因此，廣泛地收集這些資料，可以較全面地掌握學術界現有的成果。在目前階段，以上博簡（二）為主題的專著可謂寥寥可數，除季旭昇（1953-）主編的《〈上海博物館藏戰國楚竹書（二）〉讀本》外，有關研究多集中在一些論文集中，如上文提及的《第四屆國際中國文字學研討會論文集》、2004年春出版的《新出土文獻與古代文明研究》，以及同年7月出版的《上博館藏戰國楚竹書研究續編》，都收錄了不少有關的篇章。此外，一些專門的學術期刊，如東北師範大學古籍整理研究所主編的《古籍整理研究學刊》、湖北省文物考古研究所主辦的《江漢考古》，以及台灣中國文字編輯委員會主編的《中國文字》，亦較多地刊載這方面的論文。

二、利用網絡資源。張桂光先生曾說：「古文字印刷艱難，以至古文字研究的論著發表難、出版難。」[13]這個問題，雖然至今尚未克服，但隨著網絡技術的日益普及，一些高水平的專業網站相繼出現，為出土文獻的研究者提供了一個發表文章的新渠道。誠如沈頌金先生所說：「現代技術也成了主要的討論渠道，由龐樸先生主持的簡帛研究網站（http://www.jianbo.org）成了眾多學者論辯的舞台，討論異常熱烈。」[14]據筆者考察，單是

---

[13] 同上，頁 389。
[14] 同注 2，頁 635。

17

「上博二專欄」收錄的論文便逾百篇，集中地反映了國內外學術界在這方面的最新成果。因此本論文的撰作，亦廣泛地利用這些資源，以期獲得最新和最全面的研究訊息。

三、整理資料，製作長編。當第一及第二步驟完成，便以原書的篇章編排與竹簡順序為基礎，將收集的材料進行分類、編次與剪貼（或抄寫）。如竹書的第一種為《民之父母》，則將各種關於《民之父母》的材料匯聚一起，然後再根據竹簡序號及文字先後進行編次，製成長編。使各種相關的觀點，都能一目了然地呈現眼前。

四、詳細閱讀，發現問題。當資料整理妥當，下一步就是進行詳細閱讀，務求對長編中羅列的各家各說，都有充分了解，得其利弊。然後便可通過不同觀點之間的矛盾，發現問題，並根據問題的性質，尋找正確的解決方法。

五、文字隸定。簡文字體均為楚國文字，辨識困難，故《上海博物館藏戰國楚竹書（二）》仍存在不少隸定的問題。如通過上一步的考察，發現原來的釋文有誤，便必須對有關文字進行通盤研究。首先是考查該字在同篇或同書中出現的情況，仔細比較字形的異同，並歸納其形體的共通點，儘量避免對單字進行孤立的研究。然後利用歷史、地域、古文等比較方法，通過廣泛而審慎的比勘，找出未釋字與已釋字之間的形體關聯，以確定字形[15]

---

[15] 至於詳細的考證方法，可參何琳儀（1943-2007）《戰國文字通論》第五章第一至五節，南京：江蘇教育出版社，2003，頁 266-290。

。在這方面，恰當地利用工具書，如滕壬生（1932-）的《楚系簡帛文字編》、湯餘惠（1943-）的《戰國文字編》，以及李守奎的《楚文字編》，對字形的隸定工作很有幫助。誠然，這是研究過程當中最繁難的一步。

六、文義考釋。在確定字形之後，還必須按照上下文的內容，以及該字在同一文本中的語用習慣，對字義進行全面的分析，以確定它在文本中的具體涵義。如果字義扞格難通，可能表明該字並非本字，而是一個音同或音近的借字。由於「戰國文字資料中通假現象相當普遍，假借字觸目皆是」[16]，因此明辨通假，正確地進行破讀，無疑是本研究中極重要的一步。這裡，筆者將運用傳統聲韻學及訓詁學的專業知識，通過「音理、異文、辭例」[17]三方面的考證，嘗試解決一些聚訟紛紜的通假問題。

七、思想文化研究。上博楚簡（二）屬於先秦儒家文獻，性質與《禮記》相似。通過簡文的正確釋讀，可以進而探求它的思想內容，加深我們對儒家思想發展的了解，並澄清一些習非成是的觀念。本文之撰作，即力圖通過文獻的考證，闡發文本背後一些鮮為人知的概念，令一些闇而不彰的先秦遺說，重新為世人所認識。

---

[16] 同上，頁 294。
[17] 同上，頁 295。

（五）

　　誠然，「學然後知不足」[18]。由於簡帛研究的難度較大，加上時間所限，研究必然存在或多或少的缺點。筆者希望，隨著上博楚簡材料的陸續公佈，在一新耳目之餘，能夠同時吸取有關研究的最新成果，對論文作出及時的補充和修正。

---

[18] 語出《禮記·學記》，見阮刻《十三經注疏》，杭州：浙江古籍出版社，1998，頁 1521。

第二章　本論

一、《民之父母》「夙夜基命宥密」考

（一）尚存的異文問題

　　《上海博物館藏戰國楚竹書（二）·民之父母》第八簡：「『城（成）王不敢康，[圖]』，亡（無）聖（聲）之樂」[1]。簡文一句，濮茅左先生隸定為「迵（夙）夜晉（基）命又（宥）窨（密）」[2]，其〈考釋〉云：

　　　　「迵」，從辵、從西，讀作「夙」。《說文·夕部》「夙」，古文作「佪」、「佪」，「早敬也，從丮、夕，持事雖夕不休，早敬者也」。「迵（夙）夜」，即朝夕。「晉」，同「蕅」。《說文·言部》：「蕅，忌也。從言，其聲。《周書》曰：『上不蕅於凶德。』」《集韻·平屮》：「蕅，謀也。」《康熙字典·言部》收「晉」字：「蕅，古文晉。」出處不詳。字亦見於《江陵天星觀一號墓》竹簡。《禮記·孔子閒居》作「其」，《孔子家語·論禮》作「基」。「蕅」、「基」、「其」聲可通。「又」，

---

① 參馬承源主編《上海博物館藏戰國楚竹書（二）》，上海：上海古籍出版社，2002，頁 24、166。
② 同上，頁 166。

通「宥」。《禮記·王制》「王三又然後制刑」，鄭玄注：「又，當作宥。宥，寬也。」《孔子家語·刑政》「又」作「宥」。「𥦤」，讀作「密」。字也見於《包山楚簡》，作「𥦤」（第二二五簡）、「𥦤」（第二二七簡），或釋作「宓」（《戰國古文字典》一一〇二頁）。此詩句見於《詩·周頌·昊天有成命》，今本作「成王不敢康，夙夜基命宥密」。毛傳：「基，始；命，信；宥，寬；密，寧也。」鄭玄箋：「文王、武王受其業，施行道德，成此王功，不敢自安逸，早夜始順天命，不敢解倦，行寬仁安靜之政，以定天下。寬仁所以止苛刻也，安靜所以息暴亂也。」

此句《禮記·孔子閒居》、《孔子家語·論禮》作「夙夜其命宥密」。[3]

案：濮氏對「𫍙」、「晉」、「𥦤」諸字的考釋，均持之有據，可從。《正字通·言部》云：「𧮫，同諆。……古文作晉。亓，古其字，故省從亓。」[4]《康熙字典》之說，或從此出。「𧮫」，《禮記》作「其」，《詩經》及《孔子家語》作「基」[5]。濮氏認為「『𧮫』、『基』、『其』聲可通」，不誤。但此字究竟應讀為

---

[3] 同上，頁 166-167。

[4] 見張自烈（1564-1650）《正字通》，北京：國際文化出版社，1996，頁 1144。

[5] 濮氏上文云：「《孔子家語·論禮》作『基』」，不誤。但下文又云：「此句《禮記·孔子閒居》、《孔子家語·論禮》作『夙夜其命宥密』」，前後不一。　案：《孔子家語·論禮》實作「基」。（見《四部叢刊》本，卷6，頁 18b。）

「基」，還是讀為「其」，卻很值得斟酌。濮氏〈釋文〉讀「晉」為「基」，但〈考釋〉中並無任何說明。我們只能推測，濮氏對「基」字的理解，大概與《詩・周頌・昊天有成命》之毛《傳》及鄭《箋》一致。但也有學者認為，簡文當依《禮記》讀為「其」，何琳儀先生在〈滬簡二冊選釋〉中說：

> 「諆」，《詩・周頌・昊天有成命》、《孔子家語・論禮》並作「基」，《禮記・孔子閒居》作「其」，按，當以作「其」為優。「又」，《詩・周頌・昊天有成命》、《禮記・孔子閒居》、《孔子家語・論禮》並作「宥」。按，當以作「又」為是。「其N有（又）A」句式或作「有A其N」句式，《詩》中習見。N為名詞，A為形容詞。故「其命又密」意謂「其命密如」。《漢書・揚雄傳》「七年之間，而天下密如也。」⑥

案：何氏「其命有密」之說，主要建立在對「晉」字的破讀上。將原來屬於實詞的「晉（基）」，讀成虛詞的「其」，並利用「其」字作為虛詞的指代性質，重新對文句加以解釋。但何以「作『其』為優」？文中並無明言。于省吾先生（1896-1984）曾提出過類似的觀點，《雙劍誃詩經新證》云：

---

⑥ 見〈滬簡二冊選釋〉，簡帛研究網（03/01/14），http://www.jianbo.org/Wssf/2003/helinyi01.htm。

按《禮記‧孔子閒居》，引「基」作「其」，「基」、「其」古通。《書‧君奭》：「我弗敢知厥基永孚于休」，魏石經古文「基」作「丌」，「丌」即古文「其」字。《立政》「丕丕基」，漢石經「基」作「其」。「宥」、「又」古通。《禮記‧王制》「王三又」，鄭注：「『又』當作『宥』。」《管子‧版法》：「罰罪宥過以懲之」，王念孫謂「當從朱本作『有過』」。「又」、「有」金文同用。「密」應讀作「勉」。「密」、「勉」雙聲。《爾雅‧釋詁》：「蠠沒，勉也。」《釋文》：「蠠，本或作𪐗。」《說文》：「𪐗即蜜。」《儀禮‧士冠禮》「設扃鼏」注：「古文鼏為密。」《玉篇》：「𪐗與𪐗同，勉也。」「夙夜基命宥密」，應讀作「夙夜其命有勉」。「命」即上文「昊天有成命」之「命」。言昊天既有成命，文武受之，成王不敢安逸，早夜有勉於其命。[7]

案：于氏之言，似乎不無道理。近年出版的一部關於《詩經》詞義問題的專著──楊合鳴先生的《〈詩經〉疑難詞語辨析》，便認為「于氏訓『基』為『其』，訓『宥』通『有』，訓『密』為『勉』，很合詩意」[8]。但這裡有一個問題，就是作為「其命」

[7] 見于省吾《雙劍誃群經新證》，上海：上海書店出版社，1999，頁188。
[8] 見楊合鳴《〈詩經〉疑難詞語辨析》，武漢：崇文書局，2002，頁148。

說主要根據的《禮記》異文，究竟屬本字還是借字？假如是後者，則于、何二氏之說，實際是建立在錯誤的前提之上⑨。于氏所舉的兩個《尚書》例子，雖說明了「基」、「其」二字相通，但根據文義，這兩處地方都只能讀為「基」，不可讀為「其」⑩，足見于氏的引例，其實並沒有證明「其」字在文本中的正確性。對於這個問題，我們有必要參考一下前人的意見。考鄭玄（127-200）《禮記注》云：「《詩》讀『其』為『基』。聲之誤也。基，謀也。密，靜也。言君夙夜謀為政教以安民，則民樂之。」⑪陸德明（556-627）《毛詩音義》亦云：「（其）音基。本亦作『基』，始也。」⑫是鄭、陸之意，均以「其」字為「基」之聲誤。後來明‧郝敬（1558-1639）撰《禮記通解》，亦同意這個觀點，認為「『其』，當作『基』。」⑬如果上述諸說

⑨ 關於這點，可參考王彥坤（1950-）《古籍異文研究‧上篇》第3卷「異文應用中存在的幾個問題」的「本字借字倒置例」。（廣州：廣東高等教育出版社，1993，頁106-107。）
⑩ 《尚書‧君奭》：「我弗敢知曰，厥基永孚于休」，「厥」下魏三體石經古文作「丌」，但小篆及隸書均作「基」，可見古文「丌」當為「基」之省筆。（見顧頡剛（1893-1980）、顧廷龍（1904-1998）輯《尚書文字合編》，上海：上海古籍出版社，1996，頁2239。）另《立政》「丕丕基」，皮錫瑞（1850-1908）云：「《石經》此文作『其』，即基字消文，并非語詞。江聲云：『今文「基」為「其」。其，基之消。』是也。」（見《今文尚書考證》，北京：中華書局，1989，頁407。）
⑪ 見阮刻《十三經注疏》，頁1617。
⑫ 見陸德明《經典釋文》，北京：中華書局，1983，頁101。
⑬ 見郝敬《禮記通解》，《續修四庫全書》冊97，上海：上海古籍出版社，1995，頁450。

不誤，再聯繫《禮記》引《詩》的事實，則「其」字很可能只是「基」字的近音通假。可惜對於這些反面的論點，于、何二氏均沒有提及。其次，從簡文論，「𦞤」從「其」聲，固然可讀為「其」。惟「其」字在楚簡中常見，在本書四十多個用例中，始終沒有找到一個通假的例子。而在〈民之父母〉篇中，「其」字共出現過兩次，分別是第二簡及第九簡，字皆作「亓」。因此說「晉」是「其」的通假，從用例來看，似乎欠說服力。可見「其命」之說，其實不無可疑。

（二）「其命」，還是「共命」？

此外，與此相關的，尚有趙建偉先生（1957-）的「共命」說。趙氏云：

> 「諶命」疑本作「共（恭）命」，後形訛為「其命」，又聲訛為「基命」。其、共形近易訛。如：《儀禮·有司徹》「主人其……」，唐石經作「主人共……」；《禮記·檀弓》「大喪共銘旌」，阮校「毛本共誤其」；《墨子·天志上》「共相儆戒」，畢校「共，舊作其」。「共命」乃古之習語，謂恭奉上天之成命。其辭例如《尚書·甘誓》「共命」、《蔡侯盧銘》「共大命」、《史記·夏本紀》「女不共命」（原注：集解引孔安國曰「共，奉也」）。

「共命」也作「恭命」。如《尚書・武成》「恭天成命」，孔安國解釋為「奉天成命」。此處引《詩》的「共（恭）命」說的正是恭奉昊天之成命。

「密」即「宓」，訓「安」，謂安天成命；或可從舊說「又密」、「宥密」讀為「有勉」，謂勉力不解（基案：「解」字當為「懈」字之誤）。⑭

案：趙說有兩個假設：第一、他先假定了「基」字乃「其」字之聲訛，而不是相反；第二、他再假定「其」字為「共」字之形訛。但正如上文所述，「其」字作為借字的可能性，似乎比「基」字更高。如果這點正確，則即使「其」、「共」形混，也只能得出「其」誤為「共」，而不能得出「共」誤為「其」的結論。而且，說「共」形訛為「其」，畢竟只是一種猜測，缺少直接的文本佐證。而對於「其命」聲訛為「基命」一點，趙氏亦始終無法舉出任何有力的證明。因此筆者認為趙氏之論，未可遽信。

（三）「基命」釋義

事實上，簡文「晉命」，應讀為「基命」，因為在與《詩・

⑭ 見趙建偉〈讀上博竹簡（二）札記七則〉，簡帛研究網（03/11/9），http://www.jianbo.org/admin3/list.asp?id=1037。

周頌‧昊天有成命》大約同時的傳世文獻中[15]，有一條關於「基命」的重要文例，可以作為證據。考《尚書‧洛誥》云：

> 周公拜手稽首曰：「朕復子明辟。王如弗敢及天基命定命，予乃胤保，大相東土，其基作民明辟。……」[16]

案：《洛誥》作於周公（？-前1105）攝政七年，也就是周公反政成王之年[17]。由於內容多涉及成王親政之事，與《昊天有成命》之主題吻合（參注15），前人已注意到二者在文本上的對應關係。如「王如弗敢及天基命定命」句，王國維（1877-1927）解釋云：

---

[15] 朱熹（1130-1200）云：「此詩多道成王之德，疑祀成王之詩也。……《國語》叔向引此詩而言曰：『是道成王之德也。成王能明文昭、定武烈者也。』以此證之，則其為祀成王之詩無疑矣。」（《詩集傳》，香港：中華書局，1961，頁 225。）然而馬瑞辰（1782-1853）認為：「頌作於成王之時，『成王』猶《召南》詩稱『平王』，象其德而稱頌之，非謚也。……《酒誥》釋文載馬融注引或曰：『以成王為少成二聖之功，生號曰成王。沒，因為謚。』其說是也。《尚書大傳》：『奄君蒲姑謂祿父曰：「武王已死矣，成王尚幼矣。」』成王惟生有此號，故《周頌》作於成王在位時，得稱成王耳。」（《毛詩傳箋通釋》，北京：中華書局，1989，頁 1051。）現代學者多贊同朱說，認為此詩是周成王以後的作品。但對於此詩之確實年代，至今尚無定論。
[16] 同注 11，頁 214。
[17] 《史記‧周本紀》云：「周公行政七年，成王長，周公反政成王，北面就群臣之位。成王在豐，使召公復營洛邑，如武王之意。周公復卜，申視，卒營築，居九鼎焉，曰：『此天下之中，四方入貢道里均。』作《召誥》、《洛誥》。」（《前四史》，天津：天津市古籍書店影印世界書局本，1991，頁 34。）

如，而也；而，汝也。弗敢，猶言弗敢弗也。周公云：
　　「王弗敢弗及天基命定命。」成王云：「公不敢不敬天之
　　休。」互相歸美，立言之體也。不言弗敢弗者，語之亙也。
　　基，始也。基命謂始受天命。《周頌》曰：「成王不敢康，
　　夙夜基命宥密。」[18]

王氏把《洛誥》之「基命」與《周頌》聯繫起來，可謂獨具慧眼，
可惜他的解釋不盡符合文義。所謂「如弗敢」，其實只是謙詞。曾
運乾（1884-1945）云：「云『王如弗敢』者，言成王之遜讓也。」
[19]「及」，應解為「繼及」之「及」。戴鈞衡（1814-1855）云：
「及，繼也。（原注：《荀子・儒效》：『周公屛成王而及武王』，注：
『及，繼也』。《管子・輕重戊》：『魯梁之民，餓餒相及』，注：『相及
猶相繼也』。）及天，繼天也。」[20]「及天基命……」，猶言繼天之
基命，句式與《召誥》之「祈天永命」[21]、「受天永命」[22]相同。這
裡，「基命」屬於名詞性的偏正詞組，在構詞上與「昊天有成命」
之「成命」並無分別。姜昆武先生在《詩書成詞考釋》一書中，曾
把它歸類為「成詞」，姜氏云：

[18] 見王國維〈洛誥解〉，《觀堂集林》，香港：中華書局，1973，頁
31-32。
[19] 見曾運乾《尚書正讀》，北京：中華書局，1964，頁201。
[20] 見戴鈞衡《書傳補商》，《續修四庫全書》冊50，上海：上海古籍
出版社，1995，頁118。
[21] 同注11，頁213。
[22] 同注11，頁213。

天命，《尚書》凡三十一見，又或略作「命」（原注：
天字往往見於上文中）。……又有於命字上加定語，以命字為
名詞者。如「大命」凡七見，……或作「基命」，凡一見，
《洛誥》：「王如弗敢及天基命定命。」[23]

姜氏所講的「成詞」，即古代的雙音節成語[24]。按照她的說法，
「基命」屬於定語結構，而非動賓結構。王氏釋「基命」為「始
受天命」，增動詞「受」，在解釋上有欠準確。考《爾雅》釋
「基」為「始」[25]，「基命」即「始命」[26]。它是由「天命」衍生
出來的詞組[27]，專門表示天命之基始階段[28]。已有不少學者指出，

---

[23] 見姜昆武《詩書成詞考釋》，山東：齊魯書社，1989，頁49。

[24] 姜昆武云：「『古成語』因為大多數是雙音節，幾乎不可能起『語句』的作用。因而抽取其『成』和『詞』兩方面的特點，把這些雙音節『成語』準確地定名為『成詞。』（同上，頁8。）

[25] 見《爾雅·釋詁上》。（同注11，頁2568。）

[26] 姜昆武在引述《詩·周頌·昊天有成命》時，曾將「基命」釋為「始命」。可惜她受到鄭玄《毛詩箋》的影響，將「基命宥密」解釋為「後主則行寬仁安靜之政，以守此始命也」，並不符合原文的意思。（同注23，頁63。）

[27] 姜昆武認為「基命」、「定命」均屬於「天命」的變體，「它們完全包含着與『天命』等同的意義，祇是從不同的角度加了一些補充性和修飾性的成分而已。」（同注23，頁34-35。）

[28] 蔡沈（1167-1230）《書經集傳》云：「基命，所以成始也；定命，所以成終也。」（《書經》，上海：上海古籍出版社，1987，頁98。）又吳澄（1249-1333）《書纂言》云：「『基』謂創始，『定』謂成終。」（《通志堂經解》，台北：大通書局，1969，頁8395。）

周人的「天命」觀念，往往與國命、王權息息相關。如齊思和先生（1907-1980）云：

（周人）以為其政權乃為天所賜予，故此龐大之政權惟周能獨有。……

雖然，天固居高聽卑，監視下民。然上天之載，無聲無臭，不能耳提面命，直接治理黎民也。於是不能不委之於代表，此上帝之代表為何，即人世之君主是也。所謂「天生蒸民而樹之君」也。於是天命之說生焉，是人君乃上帝所委派之人間代表，其地位介乎人神之間。依周人之思想，古之聖王皆受天之命，由天而降，以治民者也。[29]

饒宗頤先生（1917-2018）亦云：

「帝命」即是天命，帝王興替即決定於天命。自周代殷以後，天命與王位遂成為密切的關係，於是有「受命說」之興起。[30]

---

[29] 見齊思和〈西周時代之政治思想〉，《中國史探研》，石家莊：河北教育出版社，2000，頁136-138。
[30] 見饒宗頤〈天神觀與道德思想〉，《饒宗頤二十世紀學術文集》，台北：新文豐出版股份有限公司，2003，頁341。

姜昆武更概括地指出：「『天命』，特指國祚帝王之受於天」[31]。如果我們同意上述諸家的意見，那麼所謂「基命」，指的便是國命、王命之初始階段。[32]

回顧殷、周之交的一段歷史，與此相符的，有所謂「文王受命」[33]。鄭玄《毛詩箋》云：「受命，受天命而王天下，制立周邦。」[34]事實上，過去一些學者，曾嘗試把「基命」與「文王興周」之史事串聯起來，加以解釋。如宋·夏僎《尚書詳解》載云：

　　基命，徐先生謂：「『三分天下有其二』，是周家之命基始於文王也。」[35]

清·江聲（1721-1799）撰《尚書集注音疏》，亦有類似的見解：

　　基，始也。始命，命文王者。[36]

---

[31] 同注 23，頁 18。

[32] 此義至中古之世，尚未喪失。如《晉書·樂志》載《祠京兆府君登歌》云：「於惟曾皇，顯顯令德。高明清亮，匪競柔克。保乂命祐，基命惟則。篤生聖祖，光濟四國。」當中「基命惟則」句，正指最初受命之「曾皇」。

[33] 《詩·大雅·文王有聲》云：「文王受命，有此武功。」又《大明》云：「有命自天，命此文王，于周于京。」（同注 11，頁 526 及 508。）

[34] 鄭氏語見《詩·大雅·文王》篇。（同注 11，頁 502。）

[35] 見夏僎《尚書詳解》，《叢書集成》初編，上海：商務印書館，1936，頁 474。

[36] 見江聲《尚書集注音疏》，《皇清經解》，台北：復興書句，1972，頁 4180。

至近人屈萬里（1907-1979），則認為「基命，謂周創業之事」[37]，並不專指文王。衡量諸家的意見，筆者同意「基命」當以「文王受命」為起點，但卻不必以文王駕崩為終點。因為它代表的是一個階段，而非單一的人物或事件。否則，我們便難以理解它在《昊天有成命》中的涵義，為何它會與成王聯繫起來？對於這個問題，王國維有精闢的見解，《洛誥解》云：

> 周受天命久矣，至是復言基命者，文王受命僅有西土。武王伐紂，天下未寧而崩。至周公克殷踐奄，東土大定，作新邑於雒，以治東諸侯。周之一統自成王始。[38]

其實，遠在王氏之前，乾嘉學者戴震（1724-1777）已對「基命」的定義作過一次重要的補充，認為「有始未竟之謂基命」[39]。所謂「竟」，終也[40]；「未竟」，即未終也。如王氏所言，在成王以前，雖已有文王受命、武王伐紂之事，然而當時國基未定[41]，政權

[37] 見屈萬里《尚書集釋》，台北：聯經出版事業公司，1983，頁180。
[38] 同注18，頁32。
[39] 見戴震《毛鄭詩考正》，《戴震全書》冊1，合肥：黃山書社，1994，頁659。
[40] 《玉篇·音部》云：「竟，終也。」（見《小學名著六種》，北京：中華書局，1998，頁36。）
[41] 《史記·周本紀》云：「武王至于周，自夜不寐。周公旦即王所，曰：『曷為不寐？』王曰：『告女：……我未定天保，何暇寐！』」（同注17。）

未固㊷，周室之基業，仍然處於草昧階段，距離成功尚遠。周公「畏周室不延」㊸，經營洛邑，正是希望成王能定鼎中國㊹，完成未竟之業。陳逢衡（1778-1848）云：「周至大會諸侯於東都而王業成。」㊺因此只有到成王「肇稱殷禮，祀于新邑」㊻，「基命」之階段才正式終結。王氏謂「周之一統自成王始」，可謂一針見血。考《呂氏春秋・慎大覽》有幾句話，可以作為王說之注腳，《下賢》篇云：

文王造之而未遂，武王遂之而未成，周公旦抱少主而成之，故曰成王。㊼

㊷《史記・周本紀》云：「武王病，天下未集，羣公懼。」（同注 17。）又《魯周公世家》云：「武王克殷二年，天下未集。」（同前，頁 259。）

㊸語出《逸周書・作雒》篇。原文作「予畏周室克追，俾中天下。及將致政，乃作大邑成周于土中。」此從王念孫（1744-1832）、唐大沛、朱右曾之說改。（見黃懷信（1951-）、張懋鎔（1948-）、田旭東編《逸周書彙校集注》，上海：上海古籍出版社，1995，頁 559-560。）

㊹《史記・周本紀》云：「太史公曰：學者皆稱周伐紂，居洛邑，綜其實不然。武王營之，成王使召公卜居，居九鼎焉。」（同注 17，頁 40。）楊寬（1914-2005）先生對此有所解釋，認為：「司馬遷說武王、成王營建洛邑『居九鼎焉』，就是說把洛邑建成國都，『九鼎』原是國都的象徵。」（《西周史》，台北：台灣商務印書館，1999，頁 165。）

㊺同注 43，頁 560。

㊻語見《洛誥》。（同注 11，頁 214。）楊寬先生云：「『殷禮』是內外群臣大會合朝見君王之禮。……這種慶功的殷見禮，主要是慶祝成周大邑的建成，實質上就是慶祝周朝一統大業的成功。」（《西周史》，頁 167-168。）

㊼見《二十二子》，上海：上海古籍出版社，1986，頁 677。

明白了這點，再看《昊天有成命》，便不難了解「成王」與「基命」之間的關係了。

下面我們再進一步考察「夙夜基命宥密」全句的意思。

（四）「夙夜基命宥密」的訓詁學詮釋

「宥密」，于省吾讀為「有勉」（參頁24）。惟「勉命」之說，不見於《詩》、《書》[48]，謂「早夜有勉於其命」，未必符合周人的思想和習慣。此外，如何琳儀釋為「又密」（參頁23），趙建偉釋為「又宓」（參頁27），解為「密如」及「宓安」，均與上文「成王不敢康」的語氣不符，恐怕不是正確的解釋。

筆者認為，簡文「又」字，當讀為「有」；而「𢒫」[49]，則可從《戰國古文字典》釋作「宓」[50]（參頁22）。「宓」，在古代與「伏」、「服」通用。如三皇之一的伏羲氏，古時又稱作宓戲氏。《漢書·律曆志上》云：「宓戲氏之所以順天地，通神

---

[48] 關於《詩》、《書》中「天命」的各種說法，可參考姜昆武《詩書成詞考釋》卷1「天命」條。（同注23，頁49-68。）
[49] 同注1，頁24。
[50] 何琳儀先生云：「包山簡『宓』下加日旁為飾，古文字中習見。從二戈參見西周金文。」（見《戰國古文字典》，北京：中華書局，1998，頁1102。）

明，類萬物之情也。」[51]顏師古（581-645）注：「『宓』，讀與『伏』同。」[52]又陸德明《經典釋文》：「『宓戲』，（宓）音密，又音服。」[53]同書引孟京云：「伏，服也。」[54]此外，漢代著名經師伏勝（前260-前161），其先祖即孔子（前551-前479）弟子宓不齊（前521~？）。《顏氏家訓‧書證》篇記云：

今兗州永昌郡城，舊單父地也，東門有子賤碑，漢世所立，乃云：「濟南伏生，即子賤之後。」[55]

對於這同姓異字的問題，宋‧王觀國有以下的看法，《學林》云：

《史記》，孔子弟子有宓不齊，字子賤，《儒林傳》有濟南伏生名勝，後漢有服虔，皆是同姓。宓、伏、服雖三字，而一音也。[56]

---

[51]見王先謙（1842-1917）《漢書補注》，北京：中華書局，1983，頁392。
[52]同上。
[53]語見《禮記音義‧月令第六》。（同注12，頁175。）
[54]語見《周易音義‧周易繫辭下第八》。（同注12，頁32。）
[55]見顏之推（531-591）《顏氏家訓》，程榮輯《漢魏叢書》，長春：吉林大學出版社，1992，頁600。
[56]見王觀國《學林》卷3「聊膠」條。（北京：中華書局，1988，頁109。）

王氏謂「宓、伏、服雖三字，而一音」，實質上指出了它們音近通假的關係，不啻是合乎事實的分析。後來清·黃生（1662~？）撰《字詁》，也曾討論這個問題，黃氏云：

> 孔子弟子宓子賤為伏羲之後，而漢伏生又子賤之後。蓋古字多因聲假借，不甚拘也。[57]

這就說得更為清楚了。

由此可見，簡文「又宓」，可讀為「有服」。「基命有服」，在結構上屬於賓語前置的倒裝句。這種例子，《詩經》裡面很多。孔穎達（574-648）云：「古之人語多倒，《詩》之此類眾矣。」[58]正指出了實際的情況。例如《小雅·出車》「玁狁于夷」，意思是平定玁狁。這裡，「于」字作為助詞，主要起倒裝的作用，本身並無實義[59]。「有」字的用法，恰與「于」字相似。

服，《廣雅·釋詁一》云：「行也。」[60]王念孫云：

[57]見黃生《字詁》，黃承吉《字詁義府合按》，北京：中華書局，1984，頁20。

[58]見《詩·周南·汝墳》「不我遐棄」《疏》。（同注11，頁282。）

[59]文中關於《詩經》倒裝句的觀點，筆者參考了向熹先生的意見。詳《詩經語言研究》第5章「詩句的倒裝」一節。（成都：四川人民出版社，1987，頁365。）

[60]見王念孫《廣雅疏證》，北京：中華書局，1983，頁15。

服者，《盤庚》：「先王有服」、《康誥》：「子弗祇服厥父事」，《傳》竝訓「服」為「行」。《文十八年‧左傳》：「服讒蒐慝」，《注》亦云：「服，行也」。[61]

是「服」字有「服行」之義。「基命有服」，猶言服行基命，也就是服行周室未竟之始命。事實上，《尚書》中有一些說話，反映了「服」字與「天命」的關係，可以作為本文的印證。如《召誥》云：

我不可不監于有夏，亦不可不監于有殷。我不敢知曰，有夏服天命，惟有歷年。我不敢知曰，不其延，惟不敬厥德，乃早墜厥命。我不敢知曰，有殷受天命，惟有歷年。我不敢知曰，不其延，惟不敬厥德，乃早墜厥命。今王嗣受厥命，我亦惟茲二國命，嗣若功。王乃初服。嗚呼！若生子，罔不在厥初生，自貽哲命。今天其命哲，命吉凶，命歷年。知今我初服，宅新邑，肆惟王其疾敬德。[62]

文中「初服」的主人公，指的是周成王。所謂「初服」，就是初服天命[63]。對於「有夏服天命」中「服」字的涵義，我們可以參

---

[61]同上。
[62]同注 11，頁 213。
[63]「王乃初服」，王充（27~97）《論衡‧率性》篇引作「今王初服厥命」。（見《漢魏叢書》，同注 55，頁 760。）

看前人的解釋，考《孔傳》云：

夏言服，殷言受，明受而服行之，互相兼也。[64]

孔穎達《疏》亦云：

有夏之君，服行天命，以敬德之故，惟有多歷年數。[65]

案：舊注解「服」為「服行」，不但合於《雅》詁，也符合上下文的意思，應該是正確的解釋。此外，《盤庚上》云：「先王有服，恪謹天命」[66]，《傳》云：「先王有所服行，敬謹天命」[67]，「服」亦「服行」之義。

本文「夙夜基命有服」，猶言日夜服行上天之基命。《昊天有成命》的作者，正是從成王身處的歷史背景出發，記述和頌揚成王對周室有始未竟之天命，朝夕服行，不敢稍有康逸的德政。《書·周官》云：「今予小子，祗勤于德，夙夜不逮。」[68]正是這個主題的另一反映。

最後，再談一談傳世文本的問題。《說文·宀部》云：

[64] 同注 11，頁 213。
[65] 同注 11，頁 213。
[66] 同注 11，頁 168。
[67] 同注 11，頁 168。
[68] 同注 11，頁 235。

「宓，安也。从宀，必聲。」⑥⑨段玉裁（1735-1815）云：「此字經典作『密』，『密』行而『宓』廢矣。」⑦⓪是「宓」與「密」為通字。惟「宓」從必聲，古讀如必，與「虙」、「伏」、「服」之音邇近，故字亦相通⑦①。然而年代濅遠，聲韻密移，「宓」後讀如今「密」字，舊音淪替，而「服」之音義遂失。陸德明云：「（宓）音密，又音服。」⑦②正透露出箇中歧異的消息。

---

⑥⑨見丁福保（1874-1952）編《說文解字詁林》，台北：商務印書館，1970，頁 3230a。

⑦⓪同上。

⑦①黃生《字詁》云：「虙、伏同音，故伏羲氏之伏一作虙。又宓（原注：美畢切）與虙同諧必聲，故《史記》借用宓。……後人以宓音美畢切，與虙音不通，故有謂从宓者誤。」（同注 57，頁 19-20。）

⑦②參注 53。

二、《民之父母》「無體之禮，日述月相」考

（一）關於釋文問題

　　《上海博物館藏戰國楚竹書（二）·民之父母》第十一簡：「亡（無）膿（體）之豊（禮），☐☐☐☐☐」①。後面一句，濮茅左先生隸定為「日述月相」②，其〈考釋〉云：

　　　　「述」，《說文·辵部》：「述，聚歛也。」《玉篇·辵部》：「述，匝也，合也。」今本作「就」。「相」，《說文·目部》：「相，省視也。」《爾雅·釋詁下》：「相，導也。」《群經音辨》：「相，共也，共助曰相。」今本作「將」，意曰聚月扶。今本「日就月將」，亦見於《詩·周頌·敬之》：「日就月將，學有緝熙于光明。」「日述月相」，或讀為「日就月將」。

　　　　本句《禮記·孔子閒居》作「無體之禮，日就月將」，《孔子家語·論禮》無。③

對於濮氏的釋讀，黃德寬（1954-）先生提出了不同的意見，他認

---

①參馬承源主編《上海博物館藏戰國楚竹書（二）》，頁 27、171。
②同上，頁 171。
③同上，頁 171-172。

為「述」字當隸定作「逑」，讀為「格」。黃氏云：

　　「日述月相」，注者謂「意日聚月扶」，又說「或讀為『日就月將』。」《孔子閒居》正作「日就月將」。我們以為釋「述」之字當釋作「格」（或洛），郭店楚簡《緇衣》三十八號：「君子言有勿（物），行有逑」，上海楚竹簡《緇衣》作「行有𡧛」；同篇三十九號簡「精智（知），逑而行之」，上海簡作「𡨄而行之」。傳世本《緇衣》兩處一作「格」、一作「略」。被釋作「述」的這個字，作逑形，所從之形與「求」明顯不同（見同書《從政》甲十八），其字右部所從與《緇衣》讀作「格、略」的兩字所從相同，與上海簡《緇衣》所從也相同。故此字當隸定作「逑」，讀作「格」。《尚書·堯典》：「格于上下」，孔傳：「格，至也」。《爾雅·釋詁》：「格，至也」。《經典釋文》：「或作佫。《方言》：「假、佫……至也。邠唐冀兗之間曰假或曰佫」。郭注：「古『格』字」。「格」與「佫」是今字與古字的關係，其訓相同。楚簡「逑」是「佫」的異文。「日格月相」，其義當與「日就月將」相近。④

④見黃德寬〈《戰國楚竹書（二）》釋文補正〉，《學術界》總第 98 期，2003 年 1 月，頁 80。

案：「述」字原簡作「⿰⻌述⑤」，字的中間及右側處頗有摩滅。黃氏說該字「所從之形與『求』明顯不同」，唯一的證據是《從政（甲篇）》第十八簡的字例。然而同書中「求」字凡數見，分別作「⿰⻌求」（《容成氏》簡十）、「⿰⻌求」（《容成氏》簡二九）、「⿰⻌求」（《容成氏》簡三七）⑥等形，不但彼此字形接近，寫法亦與「⿰⻌述」字的右旁相似，這以《容成氏》簡十的例子最為明顯。反觀《從政》篇的「求」字作「⿰⻌求」⑦，寫法比較特殊，不能視作「求」字的典型。至於「逑」字，郭店簡作「⿰⻌逑」（《緇衣》簡三八）⑧，上海簡作「⿰⻌逑」（《紂衣》簡十九）⑨，其右部所從雖亦與「⿰⻌述」字右部相似，但參合比勘，以筆勢論，似不如「求」字字形的貼近。而且，從古韻的角度看，「求」屬幽部，與今本的「就」字相同，而「逑」從「丰」聲，屬月部，韻部相距極遠，沒有通假的可能，難以解釋今本及簡本之間的差異。可見釋「⿰⻌述」為「述」，比釋「⿰⻌述」為「逑」更為可信。

---

⑤同注1，頁27。
⑥同注1，頁102、121及129。
⑦同注1，頁76。
⑧錄自張光裕編《郭店楚簡研究‧第一卷文字篇》，台北：藝文印書館，1999，頁387。
⑨錄自馬承源主編《上海博物館藏戰國楚竹書（一）》，頁63。

（二）「無體之禮」

「日述月相」，傳世本作「日就月將」。而一九八〇年於陝西長安縣灃西新旺村出土的史惠鼎，銘文有「惠其日還月匡」之語，後面四字，著錄者認為即「日就月將」[10]。李學勤先生同意這個觀點，並在〈史惠鼎與史學淵源〉一文中，清楚指出了其與《詩·周頌·敬之》的關聯。李氏云：

> 《敬之》一詩在古代相當流行，不少著作都加引用。……由出土地看，史惠也一定是周王朝臣屬。再看鼎的形制，腹較淺，蹄足較低；同出的簋雖繫環耳，圈足下已有三小足，應為西周晚期的作品；銘文字體，也是較晚的。估計史惠一定會見到《敬之》這篇詩。……所以史惠作鼎，用「日就月將」一句，應該是徵引《敬之》，而不僅是習語的偶合。[11]

可見「日就月將」一語，最早當出於《詩經》。而這裡則通過孔子的稱引，來表達「無體之禮」的涵義。關於「無體之禮」，孔子曾作過一個含蓄的概括：

---

[10] 見陳穎〈長安縣新旺村出土的兩件青銅器〉，《文博》1985 年第 3 期，頁 89。
[11] 見李學勤《新出青銅器研究》，北京：文物出版社，1990，頁 123。

44

「威儀逮逮，不可選也」，無體之禮也。⑫

引號中的句子，亦出自《詩經》，乃《邶風》中的《柏舟》篇⑬
。賈誼（前200-前168）《新書·容經》云：

　　「棣棣」，富也。「不可選」，眾也。言接君臣、上
　　下、父子、兄弟、內外、大小品事之各有容志也。⑭

賈誼這段說話，王先謙認為是魯說之遺⑮。考毛《傳》云：

　　君子望之，儼然可畏，禮容俯仰，各有威儀耳。「棣
　　棣」，富而閑習也。物有其容，不可數也。⑯

毛《傳》解「不可選」為「不可數」，與「眾也」之義合。但是
這個解釋，並不能很好地說明「無體之禮」的涵義。因為說禮容
眾多，「各有威儀」，正好與「無體」之言相悖。筆者認為，

---

⑫見阮刻《十三經注疏》，頁 1617。　　案：《禮記·孔子閒居》的「威
　儀逮逮」，簡本釋文作「威儀遲遲」。
⑬《詩·邶風·柏舟》：「威儀棣棣，不可選也。」《釋文》云：「棣，
　本或作逮。」（同上，頁 297。）
⑭見《二十二子》，上海：上海古籍出版社，1986，頁 749。
⑮王先謙云：「時惟魯《詩》，此魯說也。」（見《詩三家義集疏》，
　北京：中華書局，1987，頁 130。）
⑯同注 12，頁 297。

45

「不可選也」之「選」，當依《說文》解為「遣」⑰。《說文‧辵部》：「遣，縱也。」⑱「不可遣」，猶言「不可縱」。這是說君子威儀有則⑲，沒有絲毫或片刻放縱。故應接人事，則事無大小，人無遠近，皆各得其宜，無有過失。《禮記‧表記》云：

子曰：「君子不失足於人，不失色於人，不失口於人，是故君子貌足畏也，色足憚也，言足信也。〈甫刑〉曰：『敬忌 而罔有擇言在躬。』」⑳

這裡說明，君子之所以威儀可畏——「貌足畏也，色足憚也」，

---

⑰《說文‧辵部》：「選，遣也。」（《說文解字詁林》，頁761b。）　案：楊任之先生的《詩經今譯今注》，亦訓「選」字為「遣」，然而他說：「《說文》：『選，遣也。』意即拋棄。猶任人侮辱之意。」與筆者之說迥異。

⑱同上，頁763a。　案：桂馥（1736-1805）云：「『縱也』者，本書：『縱，舍也。』《廣雅》：『縱，置也。』《玉篇》：『縱，放也。』」（同前。）是「遣」字有「遣縱」、「遣舍」、「遣置」之義。考《柏舟》云：「我心匪石，不可轉也。我心匪席，不可卷也。威儀棣棣，不可選也。」依照筆者的解釋，「不可『遣』也」，與同詩的「不可轉也」、「不可卷也」語氣一貫，均表現出作者堅貞不移的品德，應該是此詩的正解。

⑲《漢書‧韋賢傳》：「於肅君子，既令厥德，儀服此恭，棣棣其則。」（王先謙《漢書補注》，頁1357。）

⑳同注12，頁1638。　案：引文中的〈甫刑〉，即《尚書》中的〈呂刑〉。孔穎達《疏》云：「甫侯為穆王說刑，故稱『甫刑』。」（同前。）

46

在於「不失足於人，不失色於人」，而其所以能謹守勿失，其
關鍵在於《尚書‧呂刑》的「敬忌」二字㉑。蓋威儀形於外，必
有敬忌存於中。不縱其敬，則不失其禮。《論語‧顏淵》篇云：
「君子敬而無失，與人恭而有禮。」㉒朱子云：「敬字工夫乃聖
門第一義，徹頭徹尾，不可頃刻間斷。」㉓又云：「（敬）只是
有所畏謹，不敢放縱。」㉔朱子說的「不可頃刻間斷」、「不敢
放縱」，即上文「不可遣」的意思。可見「不可選也」的真實所
指，溯本窮源，其實是心中的敬意。故《說苑‧修文》篇云：

　　孔子曰：「無體之禮，敬也。」㉕

蓋敬之在心，目不可見㉖，故云「無體」，而禮節威儀，皆從此
出。范祖禹（1041-1098）云：「經禮三百，曲禮三千，可以一言

㉑黃震（1213-1280）云：「不失于人，謂交際之間敬謹也。」（見杭
　世駿（1696-1773）《續禮記集說》，台北：明文書局，1992，頁
　5301。）
㉒同注12，頁2503。
㉓見黎靖德編《朱子語類》卷十二，京都：中文出版社株式會社，
　1979，頁230。
㉔同上。
㉕見《百子全書》，杭州：浙江古籍出版社，1998，頁216。
㉖同篇第六至第七簡：「明目而見之，不可叟（得）而見也。」（同注1，
　頁163-164。）

蔽之，曰『毋不敬』。」㉗這才是「無體之禮」的真正涵義 ㉘
。

（三）日月之喻

　　傳世本中關於「無體之禮」的，尚有「威儀遲遲」、「威儀
翼翼」、「上下和同」及「施及四海」等語。前二句與「威儀逮
逮」接近。後二句則著眼於應接人事方面，以君子「不可選也」
之威儀為起點，旁薄萬物，儀刑天下，表現出儒家禮治的王道理
想。由此而論，同樣是形容「無體之禮」的「日就月將」，其涵
義應該也與上述諸文有關。然而根據傳統的解釋，我們很難看到
這種意義上的關聯。如鄭玄《禮記注》云：

㉗見陳澔（1261-1341）《禮記集說》，上海：上海古籍出版社，
　1987，頁 1。
㉘對於「無體之禮」，濮茅左先生曾解釋說：「無體之禮，則達到了禮
　的最高境界，達到了自然的本原態，儒家所謂『神無方，易無體』，
　能同乎天地，能應變而變，自然無定體可言。又如『大樂希音』、『至
　誠簡體』，也是出於同一思想。衛湜《禮記集說》卷一二〇引藍田呂
　氏曰：『禮必有體，其無體者，非禮之文，乃禮之本也。』」（同注
　1，頁 162。）　　案：濮氏引用《易傳》的說話，以「無定體」釋
　「無體」，似乎不合儒家言禮的宗旨。考藍田呂氏云：「先儒謂此三
　者（基案：這裡說的『先儒』，指孔穎達，而『三者』謂『三無』），
　皆行之在心，外無形狀，故稱『無』也。」又云：「無體之禮，敬之
　至者也。」（見《禮記解》，陳俊民（1939-）《藍田呂氏遺著輯校》，
　北京：中華書局，1993，頁 266。）可見引文所說的「禮之本」，指
　的正是「敬」。而所謂「無體」，其實只是「無形」的意思。濮氏引
　用了呂氏的說話，但沒有充分體會簡中涵義，恐怕不是正確的解釋。

48

就，成也。將，大也。使民之傚禮，日有所成，至月則大矣。[29]

按照鄭玄的解釋，本句表達的是日益月滋的「傚禮」工夫，其對象是一般的黎民百姓，而不是作為「民之父母」的君子。單是這點，便與其他相關文句的重心截然不同。而且，根據孔穎達的講法，「傚禮」是「有威可畏，有儀可象，民則傚之」[30]，大抵仍停留在模仿學習的階段。故孔氏又云：「『日就月將』，漸興進也。」[31]這與孔子強調的「無體之禮」——「威儀逮逮，不可選也」，明顯有層次上的距離。試問敬德不足，威儀未具，如何可以「施及四海」，廣被天下？可見鄭玄的說法，並不可信。那麼，簡文的「日逑月相」，究竟是甚麼意思呢？

其實，要回答這個問題，應先釐清「日」、「月」二字的文義。

以往注家，由於受到鄭注的影響，往往把「日」、「月」看作紀時的單位。然而按照古人用例，凡日、月並書的，除上述之義外，一般都指天文上的「日」、「月」。這種例子在《詩經》中很多。如《十月之交》云：「日月告凶，不用其行」[32]；

---

[29]同注 12。
[30]同注 12。
[31]同注 12。
[32]同注 12，頁 446。

《柏舟》云：「日居月諸，胡迭而微」㉝；《雄雉》云：「瞻彼日月，悠悠我思」㉞；都是較典型的例子。因此，簡文「日迷月相」中的「日」、「月」，用的也許正是本義。然則天上的日、月與「無體之禮」，到底有甚麼關係呢？

上文曾引述孔子的話：「無體之禮，敬也。」㉟而「學通六經，尤深於《禮》」㊱的呂大臨（1040-1092），亦曾在《禮記解》中說：「無體之禮，敬之至者也。」㊲考古人言敬，往往舉天象為喻。關於這點，黃以周（1828-1899）說得非常清楚：

> 案《詩》中言敬，多舉天說。《書·召誥》六言敬，亦舉天說。人時對天，自無一事放縱。《左氏外傳》曰：「言敬必及天」、「象天能敬」，此古人相傳之旨也。㊳

《國語》謂「言敬必及天」，韋昭（204-273）注云：「象天之敬，乾乾不息」㊴。是知古人言敬，本寓天道「乾乾不息」之

㉝同注 12，頁 297。
㉞同注 12，頁 302。
㉟同注 25。
㊱語出馮從吾（1556-1627）《關學編·與叔呂先生》，見陳俊民編《藍田呂氏遺著輯校》。（同注 28，頁 623。）
㊲同上，頁 266。
㊳見《經訓比義》，《中國哲學範疇叢刊》，北京：北京圖書館出版社，1997。
㊴見徐元誥《國語集解》，北京：中華書局，2002，頁 88。

義。何謂「乾乾不息」？《易‧大象》云：「天行健，君子以自強不息」⑩，宋衷注云：「晝夜不懈」⑪；而「『終日乾乾』，反復道也」⑫，劉沅（1768-1855）解云：「『反復』，往復循環之意，言所以『終日乾乾』，乃反復於道而不懈也」⑬。可見韋昭所講的「天之敬」，其實是晝夜不懈的意思。事實上，天道運行，不舍晝夜⑭，其最顯明的體現，乃在於日月之循環遞炤⑮。故不懈不舍之義，亦每多托喻於日月。《易‧繫辭下》云：「日往則月來，月往則日來，日月相推而明生焉。」⑯又同書：「日月之道，貞明者也。」⑰可見儒家言日月，自有深意存焉。理解了這點，應知說「無體之禮」與日月之喻有關，並非沒有根據的胸臆之談。

　　基於以上理由，筆者認為應該根據簡文，來重新考慮「日逑月相」的真正涵義。

<hr />

⑩同注 12，頁 14。

⑪見李道平（1788-1844）《周易集解纂疏》，北京：中華書局，1994，頁 38。

⑫同注 12，頁 15。

⑬見馬振彪《周易學說》，廣州：花城出版社，2002，頁 14。

⑭段玉裁《說文解字注》「舍」字下云：「凡止於是曰舍，止而不為亦曰舍，其義異而同也。……《論語》『不舍晝夜』，謂不放過晝夜也。不放過晝夜，即是不停止於某一晝一夜。以今俗音讀之，上、去無二理也。古音不分上、去，舍、捨二字義相同。」（《說文解字詁林》，頁 2225b。）

⑮《荀子‧天論》云：「列星隨旋，日月遞炤，四時代御，陰陽大化。」（同注 14，頁 327。）

⑯同注 12，頁 87。

⑰同注 12，頁 86。

（四）「日述月相」的訓詁學詮釋

「日述月相」，濮茅左先生解為「日聚月扶」。何謂「日聚」？濮氏並無明言。不過從字面上看，這裡只能理解為「日有所聚」。因此，在詮釋的方向上，濮說大致和鄭注相去不遠，因而也無法避免一些解釋上的問題（參本文第三節）。而且，通句而論，「日聚」與「月扶」的關係並不密切，放在一起，似覺牽強。

案：「述」，當讀為「求」。考「述」字從「求」得聲，二字古音竝屬幽部群紐，雙聲疊韻，古書多通用。《爾雅・釋訓》云：「速速、感感，惟述鞠也。」[48]邵晉涵（1743-1796）《爾雅正義》云：「述，與求同。」[49]《經典釋文》云：「『惟述』，本亦作『求』。」[50]是其証。而簡文「日求」之「求」，當訓為「終」。《爾雅・釋詁下》云：「求，終也。」[51]又《詩・大雅・下武》：「世德作求」[52]，鄭箋云：「求，終也。」[53]是「求」字有「終盡」之義。故本文「日求」，猶言「日終」，即日沒終盡之謂。

---

[48]同注 12，頁 2591。

[49]見《爾雅正義》，阮元（1764-1849）編《皇清經解》第 8 冊，台北：復興書局，1961，頁 5630。

[50]見陸德明《經典釋文》，頁 414。

[51]同注 12，頁 2577。

[52]同注 12，頁 525。

[53]同注 12，頁 525。

至於「月相」之「相」，當依今本讀為「將」。「相」、「將」古韻俱屬陽部，其聲則心、精旁紐，韻同聲近，可得通假。朱駿聲（1788-1858）云：「《尚書大傳》：『羲伯之樂舞將陽。』注：『言象物之秀實動搖也。』按猶相羊也。」[54]是「相」、「將」二字古通。「將」，《廣雅·釋詁一》云：「行也」[55]，《玉篇·寸部》與此同[56]。而《詩·周頌·敬之》「日就月將」[57]，毛《傳》亦云：「將，行也。」[58]可見訓「將」為「行」，於古有徵。「月將」，猶言「月行」。

「日求月將」，即日終月行、循環不舍之義。《藝文類聚》引周祇《月賦》云：「二氣理化，精者能鏡。陽得一以朗旦，月代終而夕映。」[59]末句所說的「代終」，正是月代日終的意思。《禮記·祭義》云：「日出於東，月生於西，陰陽長短，終始相巡。」[60]孫希旦（1736-1784）《禮記集解》云：「始，謂日之朝，月之朔；終，謂日之夕，月之晦也。巡，行也，徧也，

---

[54]見《說文解字詁林》，頁 1311a。
[55]見王念孫《廣雅疏證》，頁 15。
[56]見《大廣益會玉篇》，《小學名著六種》，頁 108。
[57]同注 12，頁 599。
[58]同注 12，頁 599。　　案：毛《傳》但云「將，行也」，並無再深入解釋《詩》旨。而鄭《箋》云：「日就月行，言當習之以積漸也。」孔《疏》云：「『日就』謂學之使每日有成就，『月將』謂至於一月，則有可行。言當習之以積漸也。」（同前。）均將「日」、「月」理解為紀時之單位，與筆者的解釋不同。
[59]見歐陽詢（557-641）《藝文類聚》，香港：中華書局，1973，頁 10。
[60]同注 12，頁 1595。

謂其運行周徧，代明而不已也。」⑥蓋日終而月行，月終而日行，光明無已，終始相巡，則不息不舍之義見矣。《禮記》中有一段孔子的說話，深刻地表達了這層意思，《哀公問》云：

公曰：「敢問君子何貴乎天道也？」孔子對曰：「貴其不已。如日月東西相從而不已也，是天道也。」⑥

足見孔子之所貴，在於天道之「不已」，這正體現在日月運行的循環不息、相從不舍上。而由天以喻人，則「日求月將」所表達的，論學則是自強不息的精神，言禮則是須臾不舍的敬意。《淮南子·脩務》云：

自人君公卿至於庶人，不自彊而功成者，天下未之有也。《詩》云：「日就月將，學有緝熙于光明。」此之謂也。⑥

又《韓詩外傳》卷八：

子貢曰：「君子亦有休乎？」孔子曰：「闔棺兮乃止播

---

⑥見《禮記集解》，北京：中華書局，1989，頁 1217。
⑥同注 12，頁 1612。
⑥同注 14，頁 1298。

耳。不知其時之易遷兮，此之謂君子所休也。故學而不已，
闔棺乃止。」《詩》曰：「日就月將。」言學者也。[64]

以上兩段引文，雖圍繞著《詩·周頌·敬之》「日就月將，學
有緝熙于光明」的主題為中心，與本文的語境有別，但「自彊
不息」之義，還是說得非常清楚。然而傳統注釋，均把「日就
月將」解釋為「積漸」之義（參注58），究其原因，應該是對
「日」、「月」二字的涵義有所誤解，因而導致文句理解上的歧
異。

至於本文，側重於言禮，故角度略有不同，所表達的是須臾
不舍的敬意。何休（129-182）《公羊解詁·隱公五年》云：

> 禮樂接於身，望其容而民不敢慢，觀其色而民不敢爭。
> 故禮樂者，君子之深教也，不可須臾離也。[65]

這裡說的「容色威儀」，本源於禮樂，而關鍵是「不可須臾離
也」一句。這與朱子說的「不可頃刻間斷」，意義相同，而這正
是本文「日求月將」的喻意所在。

最後，還要討論一下異文的問題。

---

[64]見屈守元（1913-2002）《韓詩外傳箋疏》，成都：巴蜀書社，
1996，頁725。
[65]同注12，頁2207。

「日求」之「求」，傳世本作「就」。從表面看，兩者很可能是純粹的通假關係。其實不然。《爾雅·釋詁下》云：「求、就，終也。」⑥郭璞（276-324）注云：「成就亦終也。」⑥又《國語·越語》「先人就世，不穀即位」⑥，韋昭注云：「就世，終世也。」⑥是「求」、「就」二字，竝有「終」義。可見二字不但韻部相同，義亦相通，應該是古籍中的近音通義換用。而這也是本文讀「遹」為「求」，解為「終」的一個有力證明。

---

⑥同注 12，頁 2577。
⑥同注 12，頁 2577。
⑥同注 39，頁 580。
⑥同注 39，頁 580。

三、《從政》甲篇「豐則募而為慇」考

　　《從政》甲篇第三簡：「豐則募天慇，詒之昌型則述。」①
張光裕先生讀為「豐（禮）則募（寡）而為慇（仁），詒（教）
之昌型（刑）則述（遂）」②。

　　對於前句，張先生〈考釋〉云：

　　　　此句文意不全，前無所承。本簡首一「豐（禮）」字與
　　　　第二簡「行之以豐（禮）」句或有關聯，姑置於其後。③

周鳳五先生（1947-）則根據《從政》完簡的字數，認為第二簡與
第三簡之間當有闕文，周氏說：

　　　　此六字在簡三的上端，整理者以為與簡二「行之以禮」
　　　　有關。按，此說可從。《從政》完簡長度約42.5厘米，滿
　　　　簡抄寫三十五字至四十字。簡二下端殘去三分之一，現存
　　　　二十三字，擬補方案有二，其一，簡二下端擬補「夫是則行
　　　　之以禮，教之以刑也。行之以」十五字，……。其二，考
　　　　慮簡二、簡三之間可能脫去一簡，擬補「夫是則守之以□，

①參馬承源編《上海博物館藏戰國楚竹書（二）》，頁61。
②同上，頁217。
③同上，頁217。

行之以禮，教之以刑也。其明王守之以信則□，教之以義則□，行之以禮則□。其亂王守之以□則□，行之以」四十九字，以「夫是則守之以□，行之以禮，教之」十三字補在簡二下端，其餘三十六字另為一簡，下接簡三……。這個方案的句法比較整齊，但補字太多。由於簡文殘缺過甚，不易通讀，以上旨在疏理文意，不是具體的復原竹簡。簡文費解，如「寡而為仁」可能是「寡過而為仁」脫「過」字，也可能「寡」是錯字。「寡過」見《論語‧憲問》，「為仁」見《論語‧學而》。一個人言行如果守禮，當然可以寡過，也可以為仁了。不過，這句話也可能是負面表述，目前無法定論。④

案：周氏之擬補，應以第一方案較為可取。畢竟第二方案「補字太多」，難以憑信。其第一方案，主要參考了第一、二簡的用詞，按理應與原簡相去不遠。然而周氏在簡文「其雙（亂）王舍（餘）人邦豪（家）土堕（地），而民或弗義」⑤（第二

---

④參周鳳五〈讀上博楚竹書《從政》甲篇札記〉，朱淵清、廖名春（1956-）編《上博館藏戰國楚竹書研究續編》，上海：上海書店出版社，2004，頁183-184。

⑤同注1，頁216。　　案：《上海博物館藏戰國楚竹書（二）》釋文於「雙（亂）」字後斷句，周鳳五先生加以反對，認為「雙（亂）王」二字應該連讀。他在〈讀上博楚竹書《從政》甲篇札記〉一文中說：「簡一說『三代之明王』云云，簡二接著說『其亂王』云云，分別由正、反兩面申論，細心對讀，不難理解。先秦典籍以『明王』與『亂王』

簡）下，補入「行之以禮，教之以刑」兩句，以此作為亂王的政績，似值得商榷。蓋第一、二簡已明言，明王之政的特點是「獣（守）之曰信，嗇（教）之曰義，行之曰豊（禮）」⑥。亂王之政，從邏輯上講，便應該與之相反，而不是與之相同。周氏補入「行之以禮」，簡文便變得前後重複，上下文的對比關係因此被破壞，這顯然與簡文作者原意不符。筆者認為，周氏補文「行」、「禮」二字的位置可暫時懸擱，作「夫是則□之以□，教之以刑也。行之以」，然後下接「豊（禮）則募（寡）而為悬（仁）」句。在目前資料不足的情況下，這不失為權宜之辦法。

此外，儒家主張復禮⑦，上文亦稱明王「行之以禮」，而本簡謂「禮則寡而為仁」，甚為「費解」。周氏懷疑「寡」為誤字，又懷疑或為「寡過」之脫文，但均無實據。楊朝明先生（1962-）不贊成這種猜測，他在〈《從政》篇釋義三則〉一文中說：

對舉，如《管子·重令》：『凡先王治國之器三，攻而毀之者六。明王能勝其攻，故不益於三者，而自有國正天下；亂王不能勝其攻，故亦不損於三者，而自有天下而亡。』《管子》以『明王』、『亂王』對舉，同於簡文，堪稱鐵證。」（同上，頁 182。）茲從其說。
⑥同注 1，頁 215-216。
⑦《論語·顏淵》篇：「子曰：『克己復禮為仁。一日克己復禮，天下歸仁焉。』」（見阮刻《十三經注疏》，頁 2502。）

> ……為了通解而懷疑脫字有些勉強。……
>
> 簡甲一中的「夫是則」表示肯定的判斷。夫：發語詞。是則：乃，與「此則」同義。「夫是則」以下是對前面的解釋。「明王」因為「守之以信，教之以義，行之以禮」，所以「民皆以為義」；與之相應，「亂王」因為「……禮則寡而為仁，教之以刑則遂」，所以「而民或弗義」。這樣，對於判斷本章後面的兩個分句就有很大幫助。
>
> 基於以上分析，我們以為「禮則寡而為仁」前可以補「齊之以」三字，一則，《論語‧為政》有「齊之以禮」句，指以禮義規範民眾。「寡而為仁」的「而」是連接狀語，表修飾關係。「寡而為仁」即「寡為仁」，是單純「齊之以禮」的後果；二則不僅與上文的「守之以信，教之以義，行之以禮」相應，也與下文的「教之以刑」呼應。[8]

案：楊氏在「禮則寡而為仁」前，補「齊之以」三字，並引《論語》作為佐證。然而他將這句說話，與下文「教之以刑則遂」，一同歸入亂王之政，卻不無可議。《論語‧為政》篇明言：「道之以德，齊之以禮，有恥且格。」[9]以禮齊民，使民行已有恥[10]

---

[8] 見楊朝明〈《從政》篇釋義三則〉，簡帛研究網（03/05/04），http://www.jianbo.org/Wssf/2003/yangchaoming02.htm。
[9] 同注7，頁2461。

，乃儒家之正統觀點。疇昔注家，對此均無異辭，如皇侃（488-545）《疏》引郭象（約252~312）云：

> 德者，得其性者也。禮者，體其情者也。情有所恥而性有所本，得其性則本至，體其情則知至。知恥則無刑而自齊，本至則無制而自正，是以「導之以德，齊之以禮，有恥且格」。⑪

徐英《論語會箋》云：

> 書教之旨，本立於禮，故曰「齊之以禮」。一切典章政教，皆禮之所攝，非禮無以立也。自古聖帝賢王所以治國平天下者，未有不齊之以禮者也……。道之以德，齊之以禮者，王者之道也。道之以政，齊之以刑者，霸者之事也。⑫

可見《論語》「齊之以禮」一語，當無任何負面之義。楊氏說「『寡為仁』，是單純『齊之以禮』的後果」，並認為可「與下文的『教之以刑』呼應」，很可能是對《論語》原文的一種誤讀。

---

⑩《論語・子路》：「子曰：『行己有恥，使於四方，不辱君命，可謂士矣。』」（見阮刻《十三經注疏》，頁 2507-2508。）

⑪見程樹德（1877-1944）《論語集釋》，北京：中華書局，1990，頁69。

⑫見《論語會箋》，台北：正中書局，1948，頁 17。

事實上，簡文「禮則寡而為仁」的涵義，學術界始終懸而未決[13]。筆者認為，要解決這個問題，宜先確定上下文的文義。

　　考下句「教之以刑則述（遂）」，文意完整，張光裕先生指出其意與《論語・為政》篇「齊之以刑」相若[14]。不過，最後一字原文作「𢓲」，張氏將它釋為「述」，讀作「功遂」的「遂」，似有可商。疑「𢓲」字當依陳偉（1955-）[15]及徐在國（1966-）[16]兩位先生的意見，隸定為「逐」[17]。「逐」字從辵從豕。戰國時期「豕」旁之字，每與「遂」旁或「豖」旁之字相混。如「地」，《侯馬盟書》作「𡎴」[18]，右上從「豕」[19]，而《說文・土部》：「𡐦，籒文地」[20]，右上從「豚」[21]。此外，銀

<hr>

⑬《〈上海博物館藏戰國楚竹書（二）〉讀本》云：「周文進一步認為，『寡而為仁』可能在『寡』字後誤脫『過』字，否則『寡』字即可能寫錯，或必須改讀。楊文則認為『而』字乃連接狀語，表修飾關係，『寡而為仁』即『寡為仁』。二說待考。」台北：萬卷樓圖書股份有限公司，2003，頁62。

⑭同注1，頁217。

⑮見陳偉〈上海博物館藏楚竹書《從政》校讀〉，簡帛研究網（03/01/10），http://www.jianbo.org/ wssf/2003/chenwei01.htm。

⑯見徐在國〈上博竹書（二）文字雜考〉，簡帛研究網（03/01/14），http://www.jianbo.org/Wssf/2003/xuzaiguo02.htm。

⑰然而陳偉、徐在國皆以「逐」字為本字，解為「驅逐」，衡諸文義，似覺牽強。

⑱錄自湯餘惠主編《戰國文字編》，福州：福建人民出版社，2001，頁878。

⑲何琳儀云：「𡎴，從阜，從土，豕聲。」（見《戰國古文字典》，頁1223。）

⑳見《說文解字詁林》，頁6090b。

㉑關於這點，可參孟蓬生先生（1961-）〈釋「豚」〉一文，《古漢語研究》，1998年第3期，頁70-71。

雀山漢墓《六韜‧五》：「天下如遂〈逐〉野鹿」[22]，「遂」通作「逐」。而晉璽「鱉」、「絺」二字，何琳儀先生懷疑是「緣」的異文和省文[23]。由此可知，「逐」有可能是「遶」或「遂」的通字[24]。

「遂」，《說文》云：「亡也。」[25]而「遶」，則為「遯」之或體[26]，《說文》云：「遯，逃也。」[27]是「遶」、「遂」皆「逃亡」之義[28]。考同篇第八簡云：

罰則民逃。[29]

可見釋「怱」為「逐」，讀作「遂」或「遯」，適與下文文義密

---

[22]參《銀雀山漢墓竹簡（壹）》，北京：文物出版社，1985。

[23]參《戰國古文字典》，頁 1224-1225。

[24]根據安徽大學古文字研究室〈上海楚竹書（二）研讀記〉的記錄，何琳儀先生曾有「『逐』、『遂』一字分化，讀『遂』聲韻均合」的意見，不過「遂」字當如何解釋，卻未有進一步的說明。（見簡帛研究網（03/01/13），http://www.jianbo.org/Wssf/2003/ chengyan01. htm。）

[25]同注 20，頁 783b。

[26]桂馥《說文解字義證》、朱駿聲《說文通訓定聲》皆以「遶」為「遯」之異體字。（同注 20，頁 782a。）

[27]同注 20，頁 782a。

[28]楊樹達（1885-1956）《積微居小學述林‧釋遯》云：「《辵部》又云：『遂，亡也，从辵，㒸聲。』按亡與逃義同：《辵部》又云：『逃，亡也，』是也。……遂遯義同，其字之構造亦同矣。」（見《積微居叢書》之三，台北：大通書局，1971，頁 25。）

[29]同注 1，頁 222。

合。因此，本文下句可釋為「教之以刑則遜」。如此，便與《禮記》文義對應。考《緇衣》篇云：

教之以政，齊之以刑，則民有遜心。㉚

上引「遜」字，上博簡《紂衣》篇作「免」㉛。而《論語·為政》篇云：

道之以政，齊之以刑，民免而無恥。㉜

顯而易見，「教之以刑則遜」，與《禮記》之「民有遜心」、《論語》之「民免而無恥」，文意頗有共通之處。

確定了這一點，我們再來審視本句的文義。（基案：對於「教之以刑則述（遂）」，本論文另有考證，詳第四篇。本篇為了行文方便，僅擷摘其中一些觀點，讀者可以合而觀之。）

㉚同注7，頁1647。
㉛陳佩芬先生考釋云：「《史記·樂書》『免席而請』，張守節正義：『免猶避也。』郭店簡作『𡥏』。今本作『遜』。『遜』與『免』義近。」（見馬承源編《上海博物館藏戰國楚竹書（一）》，頁57。）又李零先生（1948- ）云：「『免』，郭店本寫法不同，整理者不釋，以為相當今本『遜』字，我已指出，該字是『娩』字的古寫，『免』與『遜』含義相近。」（見李零《上博楚簡三篇校讀記》，台北，萬卷樓圖書有限公司，2002，頁55。）
㉜同注7，頁2461。

篇首曾說，張光裕先生懷疑「豊（禮）則募（寡）而為急（仁）」與第二簡的「行之以豊（禮）」句有關，而周鳳五先生將之補為「〔行之以〕禮則寡而為仁」。事實上，考慮到下句「教之以刑則避」與《禮記》及《論語》的對應關係，張、周二氏的意見，很可能是正確的。《禮記·緇衣》篇云：

> 子曰：「夫民教之以德，齊之以禮，則民有格心。教之以政，齊之以刑，則民有避心。……」[33]

《論語·為政》篇云：

> 子曰：「道之以政，齊之以刑，則民免而無恥。道之以德，齊之以禮，有恥且格。」[34]

《禮記·緇衣》與《論語·為政》的「齊之以禮」，與周氏的補文「〔行之以〕禮」非常接近。《緇衣》篇「齊之以禮」下為「民有格心」，《為政》篇「齊之以禮」下為「有恥且格」，據此，簡文「寡」字，其涵義亦很可能與「民有格心」及「有恥且格」的「格」相關。

---

[33]同注 7，頁 1647。
[34]同注 7，頁 2461。

筆者認為：「寠」，當讀為「格」。考「寠」、「格」古音並屬見紐，其韻則魚、鐸對轉，聲同韻近，可得通假。《爾雅·釋言》云：「格，來也。」㉟上引《禮記·緇衣》篇，孔穎達疏云：「格，來也。君若教民以德，整民以禮，則民有歸上之心，故《論語》云『有恥且格』。」㊱而《經典釋文·論語音義》釋「格」字，引鄭玄注，亦云「來也」㊲。是「格」字有「來歸」之義㊳，與下句之「遯」字相對成文。可見讀「寠」為「格」，訓為「來」，不僅與《禮記》及《論語》之文對應，亦符合上下文的對文關係，應該是比較合理的解釋。

因此，《從政》甲篇簡文當讀為「〔齊之以〕禮，則格而為仁，教之以刑則遯」。意思是說：以禮齊民，則人民來歸而有仁德；以刑教民，則人民遯逃。

㉟同注 7，頁 2581。
㊱同注 7，頁 1647。
㊲見陸德明《經典釋文》，頁 345。
㊳《說文·木部》云：「格，木長皃。」（見《說文解字詁林》，頁 2477b。）「格」訓為「來」，當為「徦」之假借。《方言》卷一云：「徦，至也。」郭璞注：「古格字。」（見周祖謨《方言校箋》，台北：鼎文書局，1972，頁 5。）是「格」、「徦」古通用。

四、《從政》甲篇「詺之昌型則鑑」考

《從政》甲篇第三簡云：「豊（禮）則募（寡）而為惡（仁），詺（教）之昌型（刑）則鑑。」①

「鑑」，《上海博物館藏戰國楚竹書（二）・釋文》隸定為「述」。張光裕先生云：

> 「鑑」，字與「述」字稍異，疑為「述」之別體，讀為「遂」，例見《郭店楚墓竹簡・老子甲》第三十九簡：「攻（功）述（遂）身退，天之道也。」《論語・為政》：「道之以政，齊之以刑，民免而無恥。」「齊之以刑」與「教之以刑」義相若。②

案：張氏說「教之以刑則遂」，如「遂」是「功遂」之義，則似與《論語》「齊之以刑，民免而無恥」的觀點不符。《大戴禮記・禮察》篇云：「以禮義治之者積禮義，以刑罰治之者積刑罰。刑罰積而民怨倍，禮義積而民和親。」③可見儒家重禮不重刑。為了消弭這個矛盾，王中江（1957-）先生認為「型」字可讀為「行」，他說：

---

①參馬承源編《上海博物館藏戰國楚竹書（二）》，頁 61 及 217。
②同上，頁 217。
③見程榮《漢魏叢書》，長春：吉林大學出版社，1992，頁 73。

67

「型」，疑或可讀為「行」。聯繫上下文之意，此處不是強調法度或懲罰性的「刑」，應是提倡「以身履行」和「踐履」之意。儒家之教化，主要是教以德性和德行，不是教以懲罰之刑。不（基案：「不」字疑衍）「遂」，意「功遂事成」。④

案：夷考儒家舊籍，除《論語》外，「禮」、「刑」對舉的例子很多，如《禮記‧坊記》：

　　　故君子禮以坊德，刑以坊淫，命以坊欲。⑤

又《荀子‧王制》：

　　　聽政之大分，以善至者待之以禮，以不善至者待之以刑。⑥

本文上句，根據周鳳五先生的擬補，當作「【行之以】禮則寡而

④王中江〈《從政》重編校注〉，簡帛研究網（03/01/16），http://www.jianbo.org/Wssf/2003/ wangzhongjiang02.htm。
⑤見阮刻《十三經注疏》，頁 1618。
⑥見《二十二子》，頁 304。

為仁」⑦,「禮」與「刑」正好對文。王氏改讀為「行」,不但周折,也無充足的證據,不可從。

此外,陳偉及徐在國兩位先生有不同的意見。陳氏在〈上海博物館藏楚竹書《從政》校讀〉中,釋「🔲」為「逐」,云:

> 逐,原釋「述」,讀「遂」。此字右旁上部當是「豕」,比較同篇2號簡以及乙篇1號簡中的「家」字所從可知。這樣,此字當釋「逐」。簡文可能是說濫用刑罰則會遭致放逐,這與上句「……禮則寡」意境相通而有進一步發展。⑧

徐氏的觀點與陳氏一致,他在〈上博竹書(二)文字雜考〉中云:

> 我們懷疑應釋為「逐」。《從政甲》第二簡「家」字作「🔲」,可證。《廣韻·屋韻》:「逐,驅也。」「逐」有驅逐義。《玉篇》:「逐,從也。」「逐」又有跟隨義。⑨

---

⑦見周鳳五〈讀上博楚竹書《從政》甲篇札記〉,朱淵清、廖名春編《上博館藏戰國楚竹書研究續編》,頁183-184。　案:對於周氏的擬補,筆者曾加以分析和評價,詳本論第三篇,頁58-59。
⑧見陳偉〈上海博物館藏楚竹書《從政》校讀〉,簡帛研究網(03/01/10),http://www.jianbo.org/Wssf/2003/chenwei01.htm。
⑨見徐在國〈上博竹書(二)文字雜考〉,簡帛研究網(03/01/14),http://www.jianbo.org/Wssf/2003/xuzaiguo02.htm。

案：「述」，望山楚簡作🦅（M1·150）、🦅（M1·151）⑩等形，郭店楚簡作🦅（郭·語一·42）、🦅（郭·性14）⑪等形，其右旁上部明顯與「🦅」字的右旁上部不類，張光裕先生懷疑「🦅」是「述」之別體，但卻缺乏字形上的證明。而「豪」（家）字的下半「豕」旁，寫法正與「🦅」的右上相似，因此釋「🦅」為「述」，似不如釋為「逐」字合適。然而說「教之以刑則逐」，不論將「逐」字解為「放逐」或「跟隨」，都相當牽強。

考《論語·為政》篇云：「道之以政，齊之以刑，民免而無恥。」⑫張光裕先生已注意到「齊之以刑」與「諮（教）之㠯型（刑）」的對應關係，但並未有將下句「民免而無恥」與本文「🦅」字連繫起來。而《論語》之文，又與《禮記》的一段文字相關，《緇衣》篇云：

子曰：「夫教之以德，齊之以禮，則民有格心；教之以政，齊之以刑，則民有遯心」⑬

⑩錄自湯餘惠主編《戰國文字編》，頁 96。
⑪錄自張光裕《郭店楚簡研究·第一卷文字篇》，頁 389。
⑫同注 5，頁 2461。
⑬同注 5，頁 1647。

鄭玄注：「遯，逃也。」[14]陳澔《禮記集說》云：「遯，謂逃遯苟免也。」[15]而「遯」字，上博簡《紂衣》篇正作「[字]」（免）[16]，陳佩芬先生考釋云：「《史記・樂書》『免席而請』，張守節正義：『免猶避也。』郭店簡作『[字]』。今本作『遯』。『遯』與『免』義近。」[17]可見即使是傳本或版本不同，孔子對於「禮」、「刑」的觀點還是清楚的。因此，本文「[字]」字，涵義應與「遯免」之義相同或相近。

我們認為：「[字]」，有可能是「遯」的省筆，而即使隸定為「逐」，也可視為「遯」的通字。《說文・辵部》云：「逐，追也。從辵，從豚省。」[18]楊樹達云：

「豕」與「豚」（基案：「豚」「字原誤作「[豕]」，下同。）細言則有別，總言則不分矣。……余謂字當從辵從豕，豕走而人追之，故為逐也。甲文逐字作[字]，可以證明余說矣。許君必謂「從豚省」者，蓋有見於豚之善遯，故云爾；不悟「豕」「豚」義大同，不必審別也。[19]

---

[14]同上。
[15]見陳澔《禮記集說》，香港：啟明書局，1953，頁 299。
[16]見馬承源編《上海博物館藏戰國楚竹書（一）》，頁 57。
[17]同上，頁 189。
[18]見《說文解字詁林》，頁 785b。
[19]見楊樹達《積微居小學述林・釋遯》，頁 25。

考《說文・豕部》：「豕，彘也。」[20]又：「豚，小豕也。」[21]楊氏認為「『豕』與『豚』細言則有別，總言則不分」，應該是正確的。如此，則「逐」字「從豕」[22]，與「遯」字「从豚」[23]，取意相同。《說文》「逐」字訓「追」，「遯」字訓「逃」[24]，正是從不同角度觀察的結果，可視為一體之兩面。

又馬敘倫（1884-1970）《說文解字六書疏證》云：

> 甲文有 𧲲𧲳𧲴𧲵𧲶𧲷𧲸 諸形。羅振玉釋「逐」，謂或从豕或从犬或从兔或从鹿从止，象獸走而人追之，故不限何獸。倫謂「遯」「逐」實一字。《山海經・中山經》：「若山有獸焉，名曰山膏，其狀如逐。」注：「『逐』即『豚』字。」「逐」音澄紐，古讀歸定。「遯」音定紐，亦可證也。[25]

這是從聲韻學的角度提出的證明。

此外，桂馥《說文解字義證》云：「（遯）字或作逐。」[26]

---

[20]同注 18，頁 4227a。
[21]同注 18，頁 4251a。
[22]同注 19。
[23]同注 18，頁 782a。
[24]同注 18，頁 782a。
[25]引自李圃主編《古文字古林》第 2 冊，上海：上海教育出版社，2000，頁 421。
[26]同注 18，頁 782a。

而孟蓬生在〈釋『彖』〉一文中，曾討論過「豕」與「彖」的關係，認為「豕形演變到後來，分化為豕和彖兩形」㉗。考《說文・互部》云：「彖，豕走也。從互，從豕省。」㉘「豕」、「彖」似非一字。不過，在戰國古文當中，從「豕」與從「彖」之字，確有相混的現象。如「地」字，《侯馬盟書》作「⬚」㉙，右上從「豕」，何琳儀先生分析為「從阜，從土，豕聲」㉚，而《說文・土部》云：「墬，籀文地」㉛，右上從「彖」，是其證。可見在字形上，從「彖」之「逐」，有可能寫成從「豕」之「逐」。

　　綜合以上分析，本文「⬚」字，似可隸定為「逐」，通作「避」。而「詻（教）之昌型（刑）則⬚」，是說倘以刑罰導民，則人民將逃避遠害，不願歸附。同篇第八簡云：「罰則民逃」㉜，是其明證。

㉗見〈釋「彖」〉，《古漢語研究》，1998 年第 3 期，頁 70。
㉘同注 18，頁 4250b。
㉙錄自湯餘惠主編《戰國文字編》，頁 878。
㉚見何琳儀《戰國古文字典》，頁 1223。
㉛同注 18，頁 6090b。
㉜同注 1，頁 222。

五、《從政》甲篇「獄則興」考

《從政》甲篇第八簡云:「𩿨人曰𣃚𡥀又𠦜𣐇星䨱」[1]。《釋文》曰:「䎽(聞)之曰:從正(政)又(有)七幾(機),獄則興。」[2]

關於「七幾」,張光裕先生考釋云:

「幾」,讀為「機」,事物之關鍵,亦事物變化之所由生。……為從政者日常面對,且最易產生變化之關鍵。[3]

周鳳五先生云:

所謂「七機」,整理者以為「皆為從政者日常面對,且最易產生變化之關鍵」。此說大抵不錯,但有點不著邊際。其實,簡文「七機」指由政治權力所衍生的七種不當措施及其所招致的不良後果。政治權力為施政所必須,其舉措恰當與否往往就是治亂、成敗的關鍵,故條列七種而稱之為「七機」。應當指出,簡文列舉的不當措施,其失皆在嚴刑峻法,這是儒家一貫反對的。……簡文「七機」的用語與價值

---

① 見馬承源編《上海博物館藏戰國楚竹書(二)》,頁 66。
② 同上,頁 222。
③ 同上。

判斷都是負面的，這是考釋簡文的前提，也是通讀簡文應有的基本認識。④

事實上，「七幾」的具體內容，如「恨（威）則民不道」⑤、「罰則民逃」⑥等，「威」、「罰」偏近嚴刑峻法及相關政策，而「民不道」、「民逃」則為此種政策所引起之惡果。周先生說「『七機』指的是為政者的七種不當措施以及所招致的七種不良後果」，大致是正確的。

對於「獄則興」句，張光裕先生沒有考釋。「興」字一般解為「興起」⑦或「興盛」⑧，都是正面的意思，與「七幾（機）」的負面涵義不符。陳劍先生曾謂「『七機』之首的『獄則興』，頗難索解」⑨。周鳳五先生則將「興」字讀為「營」，周先生說：

---

④ 參周鳳五〈讀上博楚竹書《從政》甲篇札記〉，朱淵清、廖名春編《上博館藏戰國楚竹書研究續編》，頁 184-185。

⑤ 同注 1，頁 222。

⑥ 同上。

⑦《說文・舁部》：「興，起也。」（見《說文解字詁林》，頁 1146b。）

⑧《玉篇・舁部》：「興，盛也，起也。」（見《玉篇》，《小學名著六種》，頁 27。）

⑨ 見陳劍〈上博簡《子羔》、《從政》篇的拼合與編連問題小議〉，簡帛研究網（03/01/08），http:// www.bamboosilk.org/ Wssf/2003/chenjian01.htm。

「七機」既然都是負面的表述，簡文的考釋與理解勢必相應調整，首先，「獄則興」可以讀為「獄則營」，興、營二字古音蒸、耕旁轉可通，西周成王時期青銅器何尊銘文「惟王初營宅于成周」的「營」以及上博楚竹書《孔子詩論》簡二八「青蠅」的「蠅」都從興聲可證；此外，本書《容成氏》簡十八（案：當為簡二十一）「中正之旗以熊」的「熊」字從水，興聲，李零引《周禮·司常》讀為熊也是有力的證據。「營」可以訓貪，如《管子·牧民》：「不務天時則財不生，不務地利則倉廩不盈，野蕪曠則民乃營。」《說苑·至公》：「彼人臣之公，治官事則不營私家。」簡文是說，為政者如果以刑獄為統治的工具，就會造成官員營私舞弊。[10]

案：周先生「獄則營」之說，似缺乏有力的證明。王中江先生云：

整理者所釋「興」，有學者釋為「與」，周鳳五讀為「營」，仍感不當。據上下文，疑「興」字後有脫漏，意或為「興怨」。[11]

---

[10] 同注 4，頁 185。
[11] 王中江〈《從政》重編校注〉，簡帛研究網（03/01/16），http://www.jianbo.org/Wssf/2003/ wangzhongjiang02.htm。

王氏釋「興」為「興怨」，增字解釋，似不足為法。「獄」蓋謂刑獄，古代「刑」、「獄」多相連，《周禮·秋官·小司寇》云：「以五刑聽萬民之獄訟。」[12]同書《司刑》云：「若司寇斷獄弊訟，則以五刑之灋詔刑罰，而以辨罪之輕重。」[13]《墨子·非命上》云：「所以聽獄制罪者，刑也。」[14]可見在春秋戰國時期，「刑」與「獄」關係密切，其作用是使人民畏懼，故《左傳·昭公二十五年》云：「為刑罰、威獄，使民畏忌，以類其震曜殺戮。」[15]但如果在上位者喜興刑獄，又往往會招致人民的怨恨。因此，《晏子春秋·諫下第二》云：

景公藉重而獄多，拘者滿圄，怨者滿朝。[16]

《漢書·杜延年傳》云：

間者民頗言獄深，吏為峻詆，今丞相所議，又獄事也，如是以及丞相，恐不合眾心。[17]

---

[12] 見阮刻《十三經注疏》，頁 873。
[13] 同上，頁 880。
[14] 見《二十二子》，頁 252。
[15] 同注 12，頁 2108。
[16] 同注 14，頁 562。
[17] 見班固（32-92）《漢書》，北京：中華書局，1962，頁 2663。

可見無論先秦兩漢，獄事峻深，都不合眾心，導致怨者滿朝。故《春秋繁露·精華》曰：「教，政之本也；獄，政之末也。」[18]「獄則興」，很可能正是「拘者滿圄，怨者滿朝」之意。

「獄則興」之「興」，疑通作「釁」。蓋「興」古音曉紐蒸韻，「釁」曉紐文韻，二字曉紐雙聲，蒸、文旁轉[19]。《禮記·文王世子》：「始立學者，既興器用幣。」[20]鄭玄注：「『興』，當為『釁』，字之誤也。禮樂之器成，則釁之。又用幣告先聖先師以器成。」[21]根據鄭注，《禮記·文王世子》「興器」之「興」，乃「釁」之通假。又《國語·晉語九》：「昔先主文子少釁於難」[22]，韋昭注：「釁，猶離也」[23]。俞樾（1821-1907）《春秋外傳國語平議》云：「釁之訓離，未聞其義。釁，當讀為興。……釁與興亦聲近而通用。襄二十六年《左傳》：『釁於勇。』杜《注》曰：『釁，動也。』訓釁為動，即讀釁為興矣。『釁於難』，謂興起於患難之中也。」[24]是俞氏亦謂

⑱ 同注 14，頁 775。
⑲ 《楚辭·遠遊》以門（文部）韻冰（蒸部），即其例。見陳新雄（1935-）《古音學發微》，台北：文史哲出版社，1975，頁 1072。
⑳ 同注 12，頁 1406。
㉑ 同上。
㉒ 見徐元誥《國語集解》，頁 448。
㉓ 同上。
㉔ 見王先謙《皇清經解續編》，台北：藝文印書館，1965，頁 15850-15851。

「興」、「釁」聲近通用。

「釁」，《說文・爨部》云：「血祭也。象祭竈也。从爨省。从酉，酉所以祭也。从分，分亦聲」㉕。《說文通訓定聲》曰：

> 凡殺牲以血塗坼釁，如廟竈、鐘鼓、龜策、寶器之屬，因遂薦牲以祭曰釁。……塗釁隙曰釁，因即謂釁隙為釁。《左・桓八・傳》：「讎有釁」，注：「瑕隙也」。《宣十二・傳》：「觀釁而動」，服注：「閒也」。《昭元・傳》：「吳濮有釁」，注：「過也」。《魯語》：「若鮑氏有釁」，注：「兆也」。「惡有釁，雖貴罰也」，注：「孔也」。《東京賦》：「巨猾閒釁」，注：「隙也」。字亦作璺，誤作璺。《廣雅・釋詁二》：「璺，裂也。」《方言・六》：「器破而未離謂之璺。」《素問・六元正紀大論》「為璺啟」注：「微裂。」㉖

是朱氏以「釁隙」為「釁」之引申義。釁隙義進一步引申，則為人際間的「嫌隙」。徐灝（1810-1879）《說文解字注箋》釋「隙」字曰：「引申為凡釁隙之偁。

㉕ 見《說文解字詁林》，頁 1154a。
㉖ 同上，頁 1155b。

人有釁不合者，因謂之有隙矣。」㉗

「獄則釁」之「釁」，正指人際間的「釁隙」。「獄則釁」，是說如果統治者大興刑獄，便會導致其與臣下及百姓之間萌生嫌隙。關於這點，《國語》中有一段話頗值得參考，《周語中》云：

若承命不違，守業不懈，寬於死而遠於憂，則可以上下無隙矣。㉘

這是說，如果統治者能夠「寬於死」，則「可以上下無隙」。與「寬於死」相反，則為「嚴於誅」。《韓非子‧難四》云：

報惡甚者，大誅報小罪。大誅小罪也者，獄之至也。㉙

統治者既以「大誅報小罪」，則君臣上下之間，焉能「無隙」？有「釁隙」，則有「讎怨」。《正字通‧阜部》云：

隙，怨也，嫌恨也。㉚

㉗ 同上，頁 6516b。
㉘ 同注 22，頁 70。
㉙ 同注 14，頁 1174。
㉚ 見張自烈、廖文英《正字通》，北京：中國工人出版社，1996，頁 1244。

「釁隙」愈深，「讐怨」亦愈深，故《韓非子・難四》又云：

獄之患，故非在所以誅也，以讐之眾也。[31]

其結果，必然導致眾叛親離。

由此可見，讀「興」為「釁」，正好與本文「獄」字刑獄義相配合，而與「民不道」、「失眾」、「亡親」、「民逃」同樣有負面意義，都有失去民心、引起民怨的意思。

---

[31] 同注 14，頁 1174。

六、《從政》甲篇「愄（威）則民不道」考

《從政》甲篇第八簡云：「𦖞之曰：從正（政）又（有）七幾（機），獄則興，愄（威）則民不道⋯⋯。」①。張光裕先生釋之曰：「𦖞（聞）之曰：從正（政）又（有）七幾（機），獄則興，愄（威）則民不道⋯⋯。」②對於「愄（威）則民不道」，張光裕先生云：

> 「愄」，讀為「畏」固可，此處或讀作「威」。《郭店楚墓竹簡·緇衣》第三十簡引詩「敬爾威儀」，即書作「敬爾愄義」。《書·皋陶謨》「天明畏，自我民明威」，蔡沈集傳：「威，古文作畏，二字通用。明者顯其善，畏者威其惡⋯⋯天之明威非有好惡也，因民之好惡以為明畏。」「道」，讀為「導」，「民不導」，言百姓倘失在位者之引領教導，則易於迷失。「是以民可敬道（導）也，而不可窆（壅）也。」（《郭店楚墓竹簡·成之聞之》第十五、十六簡）③

案：「愄」字《集韻》有之，音「烏回切」，訓「中善」④。

---

① 見馬承源編《上海博物館藏戰國楚竹書（二）》，頁 66。
② 同上，頁 222。
③ 同上。
④ 見《集韻·灰韻》，《小學名著六種》，頁 26。

「愄則民不道」之「愄」，似與「中善」義無涉。張光裕先生疑讀作「威」，並以「《郭店楚墓竹簡‧緇衣》第三十簡引詩『敬爾威儀』」為證，其說很有參考價值。但「威」的涵義是甚麼，張先生並無明確交代。在《尚書》中，「威」字多解為「刑罰」。如《洪範》「惟辟作威」⑤，鄭玄云：「『作威』，專刑罰也。」⑥而《皋陶謨》之「天明畏，自我民明威」⑦，實亦與同篇上文「天討有罪，五刑五用哉」⑧對應。《書‧康誥》：「不敢侮鰥寡，庸庸，祇祇，威威，顯民。」⑨孔傳：「用可用，敬可敬，刑可刑，明此道以示民。」⑩可見古人言「威」，往往與刑罰有關，而這正是人民畏懼的根源。《左傳‧昭公二十五年》曰：

　　　　為刑罰、威獄，使民畏忌，以類其震曜殺戮。⑪

可見在春秋時期，仍以「刑」「獄」使人民畏懼。本簡的「威」

---

⑤ 見阮刻《十三經注疏》，頁190。
⑥ 見孫星衍（1753-1818）《尚書今古文注疏》，北京：中華書局，1986，頁308。
⑦ 同注5，頁139。
⑧ 同注5，頁139。
⑨ 同注5，頁203。
⑩ 同上。
⑪ 同注5，頁2108。

是否一定跟刑罰有關，尚可進一步研究，但無論如何，它應該是一種使人民畏懼的統治方式。《說苑·政理篇》云：

> 政有三品：王者之政化之，霸者之政威之，彊國之政脅之。[12]

說明為政以威，不是政之上品。《左傳》昭公二十年一段話，很值得我們參考：

> 鄭子產有疾，謂子大叔曰：「我死，子必為政。唯有德者能以寬服民，其次莫如猛。夫火烈，民望而畏之，故鮮死焉；水懦弱，民狎而翫之，則多死焉，故寬難。」疾數月而卒。大叔為政，不忍猛而寬。鄭國多盜，取人於崔苻之澤。大叔悔之，曰：「吾早從夫子，不及此。」興徒兵以攻崔苻之盜，盡殺之，盜少止。仲尼曰：「善哉！政寬則民慢，慢則糾之以猛。猛則民殘，殘則施之以寬。寬以濟猛，猛以濟寬，政是以和。《詩》曰：『民亦勞止，汔可小康；惠此中國，以綏四方』，施之以寬也。『毋從詭隨，以謹無良；式遏寇虐，慘不畏明』，糾之以猛也。『柔遠能邇，以定我王』，平之以和也。又曰：『不競不絿，不剛不柔，布政優

---

⑫ 見向宗魯《說苑校證》，北京：中華書局，1987，頁143。

優，百祿是道』，和之至也。」⑬

子產（前580～前522）說：「唯有德者能以寬服民，其次莫如猛。」有德者以寬服民，庶幾近於《說苑・政理篇》中那種有教化作用的王者之政，屬政之上品。孔子說：「寬則得眾」（《論語・陽貨》），正好說明為政以寬的道理。《從政》甲篇第五簡談及從政的「五德」說：「一曰愄（寬）」⑭，與子產和孔子之說，正好一脈相承。

子產說「其次莫如猛」，「猛」與《說苑・政理篇》那屬於中品的為政以「威」，關係如何，很值得我們仔細思考。

本簡「民不道」之「道」，張光裕先生讀為「導」，解為「教導」，而「不導」，則解為「失在位者之引領教導」。依照張先生的說法，「導」在這裡是一種被動的用法。「導」字的這種用法，在古書中極為罕見。因此，張先生之說，並非全無可議之處。

事實上，本文「道」字，可以不必改讀為「導」。《說文・辵部》云：

道，所行道也。⑮

---

⑬ 同注５，頁 2094-2095。
⑭ 同注１，頁 219。
⑮ 見《說文解字詁林》，頁 800a。

用作動詞，便有依循道路而行之義。《荀子‧王霸》篇：

不可不善為擇道然後道之，涂薉則塞。⑯

王念孫《讀書雜志‧荀子四》云：「道之，行之也。」⑰反過來說，不依循其道路而行，古人稱之為「不道」。《爾雅‧釋訓》云：

不徹，不道 也。⑱

郝懿行（1757-1825）《爾雅義疏》云：

「徹」之言「轍」，有軌轍可循。……「不徹」者，《詩》「天命不徹」，毛《傳》：「『徹』，道也」，鄭《箋》：「『不道 』者，言王不循天之政教」。⑲

郝氏引用的「天命不徹」，語出《詩‧小雅‧十月》。而根據鄭玄的解釋，不難看見「道」字的涵義，已由原來的「循道而

---

⑯ 見《二十二子》，頁 312。
⑰ 見王念孫《讀書雜志》，南京：江蘇古籍出版社，1985，頁 683。
⑱ 同注 5，頁 2591。
⑲ 見郝懿行《爾雅義疏》上之三，北京：北京市中國書店，1982，頁 24a。

行」，引申為一般的「跟隨」或「遵從」。《管子‧勢》篇云：「修（基案：據戴望（1837-1873）《管子校正》，『修』當為『循』字之誤）陰陽之從，而道天地之常。」[20]尹知章注：「道，從也。」[21]同書《任法》篇：「民不道法，則不祥。」[22]尹注亦云：「道，從。」[23]又《禮記‧禮器》篇：「苟無忠信之人，則禮不虛道。」[24]鄭玄注：「道，猶由也，從也。」[25]可見在戰國時期，「道」字實有「遵從」一義。而「民不道」之「道」，正是「遵從」的意思。

「悂（威）則民不道」，是說在位者如果施行使人畏懼的統治方式，人民便會不遵從其統治。《老子》七十二章云：

　　　民不畏威，則大威至。[26]

王弼（226-249）注云：

　　　離其清（淨）【靜】，行其躁欲，棄其謙後，任其威

---

[20] 同注１６，頁 150。
[21] 同上。
[22] 同上，頁 151。
[23] 同上。
[24] 同注５，頁 1442。
[25] 同上。
[26] 見王弼《老子道德經注》，樓宇烈《王弼集校釋》，北京：中華書局，1980，頁 179。

權，則物擾而民僻。威不能復制民，民不能堪其威，則上下大潰矣，天誅將至。[27]

奚侗（1878-1939）《老子集解》云：

此云「威」，即謂可畏之事，如刑罰、兵戎之屬。民不畏其所可畏，其故由於不能安居、樂業，而禍亂自茲起，則大可畏者至矣。[28]

事實上，《老子》的這句話，以及王、奚兩家的注釋，適可以作為本文解讀的一個參證。

---

[27] 同上。
[28] 見奚侗《老子集解》，《老子註三種》，合肥：黃山書社，1994，頁 139。

七、《從政》甲篇「██則遊（失）眾」考

（一）從「舟」與从「西」的爭辯

《從政》甲篇第八簡云：「████」①。張光裕先生隸定為「██（？）則遊（失）眾」②，並考釋云：

> 「██」字，從水，其右旁有異於「西」，釋暫闕。惟從政者宜用心勤政，不可有散佚之心，否則易失民心，故該字或本有「疏泄」義，故得云「██則失眾」。《禮記·大學》：「道得眾則得國，失眾則失國。」《大戴禮記·千乘》：「國有道則民昌，此國家之所以大遂也。」從政者明乎此，則國泰而民安矣。③

張氏說「██」字有「疏泄」義，似出於猜測，原無實據，加上釋文闕略，故學者多有異辭。如周鳳五先生云：

> 按，此字右旁從舟聲，見《包山楚簡》簡二七六「受」

---

①參馬承源編《上海博物館藏戰國楚竹書（二）》，頁66。
②同上，頁222。
③同上，頁222-223。

字所從（基案：簡二七六無「受」字，疑當為簡二七七之誤），可以讀為「鞀張」、「禱張」的「鞀」或「禱」，訓誑，見《尚書‧無逸》。簡文是說，為政者如果欺誑不實，就會喪失民心。④

案：《鄂君啟舟節》「舟」字作「夕」⑤，《包山楚簡》作「与」或「今」⑥，其字下端左右分開，這是源自甲文及金文的寫法。從周氏所舉的例子，仍然可以看到這點。如《包山楚簡》簡十八「受」字作「𢼊」⑦，簡二七七作「𢼊」⑧，其「舟」旁的寫法雖稍異於獨體，但仍保留下端分開的特點，與簡文右旁的下部不同⑨。事實上，同書《容成氏》篇也有兩個從「舟」旁的字，一為第九簡的「𦩘」（顐）⑩，一為第四十五簡的「𦩘」（郍）⑪，均與「𣲚」字的右旁有別。可見說「此字從水，舟聲」，並不可信。

---

④見周鳳五〈讀上博簡楚竹書《從政》甲篇劄記〉，朱淵清、廖名春編《上博館藏戰國楚竹書研究續編》，頁 185。
⑤參容庚《金文編》，北京：中華書局，1985，頁 606。
⑥參湯餘惠主編《戰國文字編》，頁 590。
⑦同上，頁 251。
⑧同上。
⑨關於這點，蘇建洲曾發表過類似的見解。〈上博楚竹書（二）考釋四則〉云：「周先生所舉《包山》277『受』作𢼊，其所從『舟』上部與𣲚相似，但下部並不相同，似不可加以等同。」（簡帛研究網（03/01/18），http：//www.jianbo.org/Wssf/2003/sujianzhou05.htm。）
⑩同注1，頁 101。
⑪同注1，頁 137。

此外，王中江先生認為：

> 「則」字前一字模糊不清，周鳳五訓為「誣」，可備一
> 說。據《左傳·襄公》十八年所載「且社稷之主不可以輕，
> 輕則失眾。君必待之」，暫釋為「輕」。⑫

案：釋「𣲂」為「輕」，缺乏字形及聲韻上的支持，難以得到學
術界的認同。反而何琳儀先生的觀點頗值得注意，何氏云：

> 「洒」，原篆作𣲂。《考釋》云「其右旁有異於西，釋
> 暫闕。」其實此字右旁為「西」字無疑。（原注：何琳儀
> 《戰國文字聲系》1349-1350頁，中華書局，1998年。）《禮
> 記·內則》「屑桂與薑，以洒諸上而鹽之。」洒當訓「散」
> 或「播」（原注：朱駿聲《說文通訓定聲》屯部。），亦作
> 「灑」。《文選·陸機演連珠》「時風夕灑。」注，「瀚
> 曰，灑，猶散也。」⑬

⑫見王中江〈《從政》重編校注〉，簡帛研究網（03/01/16），http：
//www.jianbo.org/Wssf/2003/ wangzhongjiang02.htm。
⑬見何琳儀〈滬簡二冊選釋〉，簡帛研究網（03/01/14），http://
www.jianbo.org/Wssf/2003/helinyi01.htm。　案：此文後收入
黃德寬、何琳儀、徐在國合撰《新出楚簡文字考》（合肥：安徽大學
出版社，2007），文字稍有異同。

案：《說文‧水部》云：「洒，滌也。从水，西聲。古文為灑埽字。」⑭而其訓為「散」，當為「汛」之假借。「汛」，《說文》云：「灑也。」⑮段玉裁云：

　　卂，疾飛也。水之散如飛，此以形聲包會意也。……按「汛」與「灑」互訓而殊音，「洒」則經典用為「灑」之假借，然謂「洒」即「汛」之假借，則於古音尤合。蓋「洒」从西聲，西古音如詵也。小顏注《東方朔傳》「洒埽」云：「洒，音信。」此謂即汛字也。云：「又山豉反。」此謂即灑字也。此等必皆《漢書音義》舊說。⑯

段氏稽考舊音，將「洒」、「汛」二字的音近關係說得很清楚。（這點對下文的論證頗為重要，說詳後。）其實在何氏之前，陳劍先生亦釋「⿰氵曲」為「洒」⑰，不過他在字後括上問號，未加說明。後來蘇建洲先生撰文，認為「以字形而言，當以何先生所說為是。」⑱陳秉新先生也有近似的看法，而解釋不同，陳氏云：

⑭見丁福保編《說文解字詁林》，頁5083b。
⑮同上，頁5097a。
⑯同上。
⑰見陳劍〈上博簡《子羔》、《從政》篇的拼合與編連問題小議〉，簡帛研究網（03/01/08），http://www.jianbo.org/Wssf/2003/chenjian01.htm。
⑱見蘇建洲〈上博楚竹書（二）考釋四則〉。（同注9。）

此字右旁作⬤，確當隸西，散盤西字作⬤，不⬤簋西字作⬤，可資比較。⬤，即洒字。《說文》：「洒，滌也。从水，西聲。古文為灑掃字。」《集韻‧賄韻》：「洒，高峻貌。」《詩‧邶風‧新臺》：「新臺有洒，河水浼浼。」毛傳：「洒，高峻也。」陸德明釋文：「洒，七罪反，韓詩作漼，音同。」簡文洒則失眾，謂以高峻自持，則失民心。[19]

案：考上博簡「西」字寫作⬤（《容成氏》簡三十一）[20]、⬤（《周易》簡十七）[21]、⬤（《周易》簡三十五）[22]、⬤（《周易》簡三十七）[23]、⬤（《周易》簡五十七）[24]諸形，屬於當時楚地的典型寫法。鑑於其頂筆與⬤字的右旁頗有不類，故張光裕先生稱「其右旁有異於『西』」。然而這種筆劃上的歧異，反映的可能只是戰國文字一字多形的現象，這在出土文獻中極為普遍。何琳儀先生曾云：「既（基案：「既」，疑當為「即」。）便是同一地域，乃至同一墓葬，甚至同一器物中文字也間有殊異。」[25]而且，回顧「西」

[19]見陳秉新〈《上海博物館藏戰國楚竹書（二）》補釋〉，《江漢考古》總第 91 期，2004 年第 2 期，頁 89-91。
[20]同注 1，頁 123。
[21]錄自馬承源編《上海博物館藏戰國楚竹書（三）》，上海：上海古籍出版社，2003，頁 29。
[22]同上，頁 47。
[23]同上，頁 49。
[24]同上，頁 69。
[25]見何琳儀《戰國文字通論（訂補）》，南京：江蘇教育出版社，2003，頁 266。

字的發展歷史，也確曾出現過類似⟨字右旁的寫法。如甲骨文「西」字有作⟨（甲八一六）、⟨（甲二〇二九）諸形⑳，金文有作⟨（幾父壺）、⟨（禹鼎）諸形㉗。而稍後的睡虎地秦簡，西字寫作⟨㉘。字形均與簡文右旁近似。故何氏之釋，未為無據。然而說「散則失眾」，不獨難於索解，而「散」或「播」，也不像明確的政治措施或態度。至於陳說「高峻自持」，似指統治者君臨百姓的姿態和形象，但由於缺乏文獻例證，究竟是否可視為當時國君失政的一項弊端，尚屬疑問。

　　鑑於上述幾種解釋，都不盡令人滿意。因此有部分學者根據字形，別出新解。

（二）「鹵莽」的疑惑

　　在戰國文字中，與「西」字形相近的，尚有「鹵」字，黃錫全先生云：

　　　　戰國文字「西」與「鹵」每每混同，不易區分。如包山楚簡的「監」、「鹽」等字，所從的鹵有的就與「西」寫法

㉖錄自《甲骨文編》，北京：中華書局，1965，頁464。
㉗錄自容庚《金文編》。（同注5，頁765。）
㉘錄自陳振裕、劉信芳（1955-）編《睡虎地秦簡文字編》，武漢：湖北人民出版社，1993，頁161。

94

一模一樣。因此，此字就是「滷」字，見於《玉篇》、《集韻》。滷即鹵，《爾雅‧釋言》「滷，苦也」，《漢書‧溝洫志》注蘇林引作「鹵」。「鹵」字已見於金文。《莊子‧則陽》記長梧封人問子牢曰「君為政焉勿鹵莽，治民焉勿滅裂」，疏：「鹵莽，不用心也。滅裂，輕薄也。夫民為邦本，本固則邦寧，唯當用意養人，亦不可輕爾搔擾。封人有道，故戒子牢。」這段文字可以與簡文相互印證。此字釋為「滷」，即「鹵」，可以無疑。㉙

陳美蘭先生支持黃氏的意見，認為其「說字釋義均穩妥恰當，應可從」㉚，故其釋文一依黃說，釋「🖋」為滷，並云：

> 滷則遊眾：即「鹵則失眾」，意謂：在上者鹵莽蠻橫，就會失去民心。㉛

案：黃、陳俱解「鹵」為「鹵莽」，然而在先秦時代，「鹵」在作為單音節詞使用時，似無「鹵莽」之義。「鹵」之訓為「鹵莽」，不僅不見於故訓，在現傳的先秦文獻資料中，也找不到這

㉙見黃錫全〈讀上博楚簡（二）劄記八則〉，朱淵清、廖名春編《上博館藏戰國楚竹書研究續編》。（同注4，頁460。）
㉚見季旭昇主編《〈上海博物館藏戰國楚竹書（二）〉讀本》，台北：萬卷樓圖書股份有限公司，2003，頁75。
㉛同上。

95

樣的用例。關於這點，可以參考下面的列表：

書名	次數	原文	鹽鹵地	古地名	鹵莽義	其他
易傳	1	兌為澤，為少女，為巫，為口舌，為毀折，為附決，其於地也，為剛鹵。(說卦)	※			
左傳	2	甲午，蒍掩書土田，度山林，鳩藪澤，辨京陵，表淳鹵。(襄公二十五年傳)	※			
		晉荀吳帥師敗狄于大鹵。(昭公元年經)		※		
公羊傳	1	此大鹵也，曷為謂之大原？(昭公元年傳)		※		
穀梁傳	1	中國曰太原，夷狄曰大鹵。(昭公元年傳)		※		
爾雅	1	杜，土鹵。(釋草)				※
莊子	4	君為政焉勿鹵莽，治民焉勿滅裂。昔予為禾，耕而鹵莽之，則其實亦鹵莽而報予；芸而滅裂之，其實亦滅裂而報予。(則陽)			※	
		故鹵莽其性者，欲惡之孽。(則陽)			※	
管子	2	去菹菜鹹鹵斥澤山間堁壤不為用之壤，寡人不得籍斗升焉 (輕重乙)	※			
		若此，則菹菜鹹鹵斥澤山間堁壤之壤，無不發草，此之謂籍於號令。(輕重乙)	※			
呂氏春秋	1	鄴有聖令，時為史公，決漳水，灌鄴旁，終古斥鹵，生之稻粱。(先識覽)	※			

*表中「鹵」字涵義之區分，主要根據《十三經注疏》及諸書原注。

上面列表，客觀而全面地反映了「鹵」字在先秦傳世文獻中的實際使用情況。可以看到，「鹵」除用作專門名詞外，其餘都作「鹹地」解，這與《說文》的解說相符[32]。唯有在「鹵」、「莽」連文的時候，其詞性及涵義才有所改變。對此，前人曾提出過兩個觀點，很值得注意：

其一，「鹵莽」之「鹵」，或為「鹵」之通假。考「鹵莽」一詞，初見於《莊子・則陽》篇，其言云：「君為政焉勿鹵莽，

---

[32]《說文・鹵部》云：「鹵，西方鹹地也。」王筠《說文句讀》云：「案此『鹹』字，當即是『鹼』字。『鹼地』者，今之通語。」（同注１４，頁5292b。）

治民焉勿滅裂。」㉝《經典釋文》引司馬彪注：「鹵莽，猶麤粗也。」㉞後來揚雄作〈長楊賦〉，云「拔鹵莽，刊山石」㉟，李善注云：「拔莽削石以通道。」㊱而清・胡紹煐《文選箋證》云：

　　　　鹵，與薗同。《說文》：「薔，艸也，可以束，或从鹵。」《爾雅》：「薗，蘆。」《郭注》云：「作屨苴草。」《釋文》：「薗，本作鹵。」粗草謂之鹵莽，故凡麤粗謂之鹵莽。……蓋薗即薔之或體，鹵又薗之省文。㊲

案：《方言》卷十云：「莽，草也。」㊳《小爾雅・廣言》與此同㊴。如是則所謂「鹵莽」，本字當作「薗莽」，為一近義連字詞。若單獨使用，則不論作「薔」、「薗」或「鹵」，均無「麤粗」之義。
　　其二，「鹵莽」或為一聯綿詞。朱駿聲在《說文通訓定聲》「鹵」字條下，曾將「鹵莽」歸入「疊韻連語」，認為「『莽』

㉝見《二十二子》，頁71。
㉞同上。
㉟見《六臣注文選》，上海：上海古籍出版社，1993，頁202。
㊱同上。
㊲見胡紹煐《文選箋證》，《叢書集成續編》第103冊，台北：新文豐出版公司，1988，頁757。
㊳見戴震《方言疏證》，《小學名著六種》，頁55。
㊴見胡承珙《小爾雅義證》，《小學名著六種》。（同上，頁18。）

讀如『莫』（基案：「莫」即「暮」之古文。「莫（暮）」上古屬鐸部，「鹵」屬魚部，魚、鐸對轉。）」⑩。　　案：「莽」，《經典釋文・莊子音義》作「莫古反」⑪，而「鹵」，同書《公羊音義》作「力古反」⑫（昭公元年）。其反切下字相同，並屬魚部，疊韻。是「鹵莽」殆為一疊韻聯綿詞，或出於方言，或出於莊子之創造。徐德庵先生撰〈莊子連語音訓〉，對此作了更詳細的考證，認為「鹵莽」實為「浪孟」之音轉，徐氏云：

　　《釋文》：「『孟』，徐武黨反，或武莽反。『浪』，徐力蕩反。向云：『孟浪音漫瀾，無所趣舍之謂。』李云：『猶較略也。』崔云：『不精要之貌。』」按，「孟浪」為疊韻連語。《文選・笙賦》：「罔『浪孟』以惆悵。」「浪孟」則其倒易語也。……「孟浪」又與「鹵莽」、「滅裂」為一聲之轉。《則陽》篇：「君為政焉，勿『鹵莽』；治民焉，勿『滅裂』。」郭注：「『鹵莽』、『滅裂』，輕脫末略，不盡其分。」郭義與「孟浪」同。《釋文》：「『鹵』，音魯；『莽』，莫古反。」則「鹵莽」、「滅裂」亦均為疊韻連語，特「鹵莽」為倒易語耳。⑬

---

⑩同注14，頁 5292b。
⑪同注 33。
⑫見阮刻《十三經注疏》，頁 2316。
⑬見徐德庵《古代漢語論文集》，成都：巴蜀書社，1991，頁 80。

依徐氏之見，則「鹵」或為「浪」，或為「裂」。文既無定字，則「鹵莽」之「鹵」，與單音節詞「鹵」，可能並無任何意義上的關連。

基於上述兩點，加上「鹵」之訓為「鹵莽」，文獻無徵，黃氏之說，未可遽信。然而他對於字形上的分析，卻並非全無根據。

考《說文·鹵部》云：「鹵，西方鹹地也。从西省，象鹽形。安定有鹵縣。東方謂之㡿，西方謂之鹵。」㊹段玉裁云：「『省』字衍。」㊺王筠亦云：「『西省』二字，當作『卤』一字。」㊻「卤」即「西」之籀文。是鹵字或從「西」㊼。蓋二字在形、義上關係密切。劉漢生、高其良先生認為「『西』是一種盛鹽的器具，後假借為盛產鹽鹵的方位之稱；『鹵』是會意字，表示容器內有鹽鹵」㊽，從而得出「西、鹵本是同源字」㊾的結

㊹同注14，頁5291a。
㊺同上，頁5291b。
㊻同上，頁5292b。
㊼李旭昇云：「（鹵，）楚文字從《戰典》收入，與早期『西』同形，古文字鹽、覃等從『鹵』之字或從『西』，足證『鹵』當從『西』，而於古文字中『西』、『鹵』亦往往可以互用。」（《說文新證》下冊，台北：藝文引書館，2004，頁172。）
㊽見劉漢生、高其良〈釋「西」及其文化背景〉，《天中學刊》，1998年6月，頁60-61。　案：早在上世紀三、四十年代，陳獨秀撰《小學識字教本上編》，已提出類似的意見，陳氏云：「《說文》西字古文作㸠，籀文作㟜，均為編竹之簏，鹵即從此，非從西省。……鹵為盛鹽之簏，魯為盛魚之簏，故鹵與魯，樐與櫓，古皆通用。」（引自《古文字詁林》第9冊，上海：上海教育出版社，2004，頁500。）
㊾同上。

論。雖然，西字是否為盛鹽之器，目前尚難究詰⑩。部分學者，如季旭昇先生，便不同意這個說法⑪。但他也認為，「『西』、『鹵』可以視為同源同形字，本作『西』形......。其後分化，則以加鹽點者為『鹵』，不加者為『西』」⑫。如果此說不誤，則黃氏所謂「戰國文字『西』與『鹵』每每混同，不易區分」的現象，正可以二字同源的觀點來解釋。以上博簡二為例，鹽字寫作🔲⑬，其所從之鹵，便與同書之西字無別。「混同」之說，誠為不妄。不過，卻未可輕易斷言「此字就是『滷』字」。

那麼，簡文「🔲」字之右旁，究竟應隸定為「西」，還是隸定為「鹵」呢？

（三）新的證據及相關問題

《上海博物館藏戰國楚竹書（五）》的出版，為解決這個難題帶來了新的曙光。《季庚子問於孔子》篇有一段孔子的話，引述了魯國大夫臧文仲的政論，其內容與《從政》甲篇的「七機」

---

⑩黃德寬、常森認為：「就古文字看，許慎釋『西』之形是錯的，然而，至今我們對構成『西』字古形的依據和背景不能確知，所以依然不能作出進一步的判斷。」（〈漢字形義關係的疏離與彌合〉，《語文建設》，1994 年 12 期，頁 17-20。
⑪季旭昇云：「學者或謂『西』形為貯鹽之容器，當非。」（同注47。）
⑫同上。
⑬見《容成氏》第三簡。（同注 1，頁 95。）

大致相同，可視為本文的異文材料。其第十簡云：「⬛⬛⬛⬛」[54]，濮茅左先生隸定為「俞（逾）則（失）眾」[55]，並考釋云：

「俞」，讀為「婾」，輕視，鄙薄。《左傳·襄公三十年》：「魯使者在晉，歸以語諸大夫，季武子曰：『晉未可婾（原注：一作「偷」）也。』」「俞」，或讀為「逾」。[56]

案：「俞」字「從舟」[57]，「舟」的楚文字寫法與「⬛」字的「⬛」旁頗有分別（參上文第90頁），反觀後者，卻與本文「⬛」字的右旁相似，應是同一個偏旁的不同寫法。禤健聰先生云：

「⬛」對應「⬛」，二字聲旁相同。與之相關的另有上博《相邦之道》簡4的「⬛」字，此字孟蓬生先生指出即「訊」字《說文》古文，又見於《姑成家父》簡1，沈培先生亦認為是「迅」，與「強」對。我們懷疑上兩字也可讀為訊問之「訊」，與《從政》篇的「獄」或相關。[58]

---

[54] 參馬承源編《上海博物館藏戰國楚竹書（五）》，上海：上海古籍出版社，2005，頁 52。

[55] 同上，頁 216。

[56] 同上。

[57] 《說文·舟部》云：「俞，空中木為舟也。从△，从舟，从《。《，水也。」（同注 14，頁 3803b。）

[58] 見〈上博楚簡（五）零札（一）〉，簡帛網（06/02/24），http://www.bsm.org.cn/show_article.php?id=226。　案：原文「孟蓬生」誤作「孟鵬生」，今正。

101

案：「■」之「■」旁，字形與《上博（三）‧周易》簡五十七的「■」[59]基本相同，屬於楚簡「西」字的典型寫法，可釋為「西」。那麼，與之對應的「■」字，其右旁無疑為「西」之異寫。這樣，何琳儀先生「其實此字右旁為『西』字無疑」的說法，便得到了有力的證明。而「西」與「卂」，由於聲音相近（西，古音先。《文選‧袁淑〈傚曹子建樂府白馬篇〉》：「留宴汾陰西」，李善注云：「西音先，叶韻也」。考先、卂竝屬心紐，韻部則文、真旁轉，聲同韻近。關於這點，可參第92頁引段玉裁注及馬敘倫《說文解字六書疏證》卷五「訊」字條。），在文字演變的歷史中，曾出現過聲旁換用的情況。如「■」，《說文》指為「訊」之古文[60]；「洒」，段玉裁以為「汛」之假借。其實，將之視為同字異構的關係[61]，可能更恰當些。孟蓬生、沈培兩先生根據舊說，將原來釋為「■」的字（見《上博（四）‧相邦之道》簡4及《上博（五）‧姑成家父》簡1），分別改讀為「訊」及「迅」[62]，都是有根據的。然而「■」字究竟該如何隸定？是否該改讀為「訊」？如果改讀，

---

[59] 同注21，頁69。

[60] 《說文‧言部》云：「■，古文訊，从鹵。」段玉裁注：「鹵，古文西。」（同注14，頁983a。）

[61] 更精確地說，這應屬於文字形體異化中的「異部音符互作」。參何琳儀《戰國文字通論（訂補）》第4章第4節。（同注25，頁237-240。）

[62] 見孟蓬生〈上博竹書（四）閒詁〉（簡帛研究網（05/02/15），http://www.jianbo.org/admin3/ list. asp?id=1317）及沈培〈上博簡《姑成家父》一個編聯組位置的調整〉（簡帛網（06/02/22），http://www.bsm.org.cn/show_article.php?id=219）。

又應當如何解釋？這些都是要加以說明的。無奈褚氏之言過於簡略，我們無從得知答案。楊澤生先生指出：「從文義上講，將『■』釋為『迅』似乎不是很好講。」[63]他認為此字當釋為「鹽」，楊氏云：

> ■字按字形可隸定作「■」，所從「鹵」下面的橫畫當即「皿」之省，《古陶文彙編》6‧20「醬」字字作■，其右下角的橫畫亦「皿」之省；而「鹵」上面的橫畫當是飾筆，《上博五》「宀」旁常常在在其下加一短橫。所以此字實應隸定作「■」，當是「鹽」字的異體；《從政》篇的「■」從「水」從「鹵」，當是「鹽」字的另一異體。「■」和《從政》的「■」皆當讀為「嚴」。「嚴則失眾」似乎比較好理解。[64]

陳劍先生贊成楊氏的意見，並對「■」字作出如下分析：

> 按此形下所從就是「鹵」字，其較為特別之處在於比一般的「鹵」字下面多出一長橫筆。同樣寫法的「鹵」字和「鹵」旁曾侯乙墓竹簡中多見。至於其長橫筆之下又再加一

[63]見楊澤生〈《上博五》零釋十二則〉，簡帛網（06/03/19），
　　http://www.bsm.org.cn/show_article.php?id=296#_ftnref28。
[64]同上。

短橫為飾筆，與楚文字中常見的「至」和「室」等字情況相同。

　　將《從政》的「滷」字跟「窗」字結合起來考慮，如它們釋讀為「鹽（嚴）」符合事實，則「窗」字似可分析為从「宀」从「盧（鹽）」或「滷（鹽）」省聲。⑥⑤

而對於「 」字，陳氏認為亦是「鹽」之異體：

　　簡文「滷」其實應是「鹽」字異體。戰國文字中「鹽」字多作「盧」形，見於包山簡147、上博竹書《容成氏》簡3等。或上半增从「水」作 形，可隸定作「滷」。……衆所周知，戰國文字中省略偏旁的現象非常多見，「滷（鹽）」形省略「皿」旁，就成為簡文「滷」字了。「滷」既可釋為「鹽」，則在簡文中顯然當讀為「嚴」。……

　　古書中「嚴」常用為「威嚴」義，引申為「嚴厲」、「嚴急」（原注：《說文·叩部》：「嚴，教命急也。」），可跟「寬」相對為言。……在《論語》中，「寬則得衆」之語兩次出現（《陽貨》、《堯曰》），正跟簡文「嚴則失衆」之

⑥⑤見陳劍〈上海博物館藏戰國楚竹書《從政》篇研究（三題）〉，復旦大學出土文獻與古文字研究中心網（08/02/28），http://www.guwenzi.com/SrcShow.asp?Src_ID=360。　案：須指出的是，陳先生此文初稿完成於2004年，至2006年有所增補，最近才在網絡公開發表。

語相反相成。⑥⑥

案：陳氏將簡文與《論語》加以對照，不但方法可取，而且也使結論顯得有力。不過，其意見卻並非全無可議。首先，在字形上，楊、陳二氏把「⿰」、「⿱」兩字都假定為「鹽」的省形或異體，可是「鹽」字的類似寫法，卻始終無法在古文字中找到⑥⑦，這無疑是可疑的。而且，如陳文提到的「盧」字，假若將皿旁省略，便馬上會造成與「洒」、「滷」二字的混淆。何琳儀先生曾指出：「簡化要以不影響對文字的釋讀為原則，戰國文字中多數簡化字也確實如此。」⑥⑧張桂光先生也說：「形符增減的隨意性是有一定限度的，當一些字的減省涉及關鍵部位或增加導致字義的改變的時候，它就可能變成另一個字了。」⑥⑨因此，雖說「戰國文字中省略偏旁的現象非常多見」，但也絕不能一概而論。此外，「⿱」字下部的長短兩劃，究竟是省形符號抑或飾筆？楊、陳二氏的理解亦各不相同。假如屬於後者，則飾筆之上的「⿰」旁，以字形論，顯然就是「西」字。這樣，「⿱」字似

---

⑥⑥同上。　　　案：由於原文的一些格式問題，故在不影響文義下，進行了一些刪節及改動，讀者請查閱原文。

⑥⑦參《古文字詁林》第9冊（頁507）、何琳儀《戰國古文字典》（頁1457）、李守奎《楚文字編》（頁667）及《上海博物館藏戰國楚竹書（1-5）文字編》（北京：作家出版社，2007，頁536）。

⑥⑧同注25，頁264。

⑥⑨見張桂光〈金文形符系統特徵的探討〉，《古文字論集》，北京：中華書局，2004，頁94。

105

可分析為从「宀」，西聲，而底部的長短兩橫劃均為飾筆。

其次，在通假上，不論是傳世文獻或出土文獻，鹽字作為通假字的用例都比較少見。而在已確知的通假資料當中，暫時還沒有發現任何「鹽」、「嚴」通假的例子。

因此，楊、陳兩位先生的說法雖不乏灼見，但假設的成分較多，難以遽信。而晚近出版的《上海博物館藏戰國楚竹書（1-5）文字編》，編者分別將「洒」、「𡨄」二字隸定為「洒」及「𡨄」[70]。結合上文的種種分析，這應該是最為恰當的做法。

然則簡文「洒則失眾」，到底該如何解釋呢？

（四）「洒則失眾」的訓詁學詮釋

上節提及的《上海博物館藏戰國楚竹書（1-5）文字編》，編者在釋「𡨄」為「𡨄」的同時，註明：「按：讀為『迅』。」[71] 然而「迅則失眾」，不僅於古無徵，也無法與《論語》之「寬則得眾」構成對文關係，這樣改讀，難免有欠理想。

根據《漢書・東方朔傳》顏師古注，我們知道「洒，音信」[72]，與「汛」通。其實，除卂聲外，古音與西聲接近的，尚有㣙

---

[70] 見李守奎、曲冰、孫偉龍編著《上海博物館藏戰國楚竹書(1-5)文字編》。（同注67，頁375及510。），

[71] 同上，頁375。

[72] 見《漢書》，《前四史》，北京：中華書局，1997，頁727。

聲。下面迻錄《經典釋文》裏的一些古音資料，以助我們了解這幾個聲旁之間的關係：

（1）奮訊，音信，又音峻。字又作迅，同（《詩·邶風·雄雉》）；

（2）迅雷，音峻，又音信（《禮記·玉藻》）；

（3）迅風，音信，又音峻，疾也（《左傳·僖公十六年》）；

（4）振訊，音信，又音峻，本亦作迅（《公羊傳·莊公八年》）[73]。

上面資料表明，古代從卂聲的字，除本音外，又可以讀為「峻」。那麼，與卂聲極為接近的西聲，改讀為「峻」，應該是不成問題的。考「洒」字古音讀如「洗」，與「峻」竝屬心紐文部[74]，雙聲疊韻，音近可通。事實上，經傳之中也有「洒」、「峻」通假的例子。段玉裁云：

「陖」，古叚借「洒」字為之。《邶風》曰：「新臺有洒。」《傳》曰：「洒，高峻也。」「峻」即「陖」之同音

---

[73]見黃焯《經典釋文彙校》，北京：中華書局，2006，頁 132、403、491 及 629。

[74]參郭錫良《漢字古音手冊》，北京：北京大學出版社，1986，頁 78 及 247。

通用。《傳》意謂：經之「洒」，即「陵」之叚借也。西聲、夋聲古音同在十三部。⑦⑤

對於段說，近人傅定淼〈《詩經》條件異讀考略（續）〉認為：

　　　　段玉裁《說文》「洒」注認為《新臺》此「洒」為「峻」字之借，甚確，「峻」也是文部字。⑦⑥

據此，則簡文「洒」與「畐」，無疑可讀為「峻」。

　　「峻」，亦作「陵」⑦⑦。《廣雅·釋詁一》云：「陵，急也。」⑦⑧（基案：急者，急迫之謂。《玉篇·心部》：「急，迫切也。」《廣雅·釋詁一》：「迫，急也。」蓋「陵急」之「急」，除表示一般時間上的「疾急」外，更多的是指情勢、處境上的「逼迫」。《戰國策·楚策一》：「齊急宋。」郭希汾注：「急謂迫之使不得不從。」此其義。）

---

⑦⑤ 見《說文解字·阜部》「陵」字條下段《注》。　　案：段氏於同書《水部》「洒」字條下亦有類似說法，但較簡略，可竝參。（同注14，頁6484a及5084a。）

⑦⑥ 見傅定淼〈《詩經》條件異讀考略（續）〉，《黔南民族師範學院學報》，2006，第5期，頁5。

⑦⑦ 參《玉篇·阜部》。（《宋本玉篇》，北京：中國書店，1983，頁417。）又朱駿聲於《說文·阜部》「陵」字條下云：「按『陵』、『峻』皆此字之或體。」（同注14，頁6484a。）

⑦⑧ 見王念孫《廣雅疏證》，南京：江蘇古籍出版社，1984，頁34。

《廣韻・稕部》云：「峻，險也。」⑦蓋險則峻險難行，急則峻急難安。簡文「峻」字，即峻險、峻急之義。而「為政嚴峻」⑧，政險令急，必然導致不良的後果，《荀子・天論》云：

　　楛耕傷稼，楛耨失歲，政險失民。⑧

所謂「政險失民」，清楚點出了「險政」與「民心」的關係。又《管子・宙合》篇：

　　政險民害，害乃怨。怨則凶。⑧

故同書《霸形》篇主張「緩其刑政」⑧，《墨子・非攻下》亦謂：「寬以惠，緩易急，民必移。」⑧「寬緩」的對面，正是「險急」（參注83）。那麼，顯而易見，簡文「峻則失眾」，與《論語》「寬則得眾」，文義實相反相成。

---

⑦見余廼永《新校互註宋本廣韻》，上海：上海辭書出版社，2000，頁394。
⑧語出《後漢書・度尚傳》，《前四史》。（同注72，頁343。）
⑧見王先謙《荀子集解》，北京：中華書局，1988，頁314。　案：《荀子》原文為「楛耕傷稼，耘耨失薉，政險失民。」此從王念孫改。
⑧同注33，頁106。
⑧同上，頁125。　案：同書上文云：「人甚懼死，而刑政險。」下文云：「緩其刑政，則人不懼死。」「險」之與「緩」，文義相對。
⑧同上，頁241。

此外，值得注意的，是古人似乎更喜歡用「峻急」一詞來形容當權者的暴政，而過去也曾出現過「秦法峻急」[85]、「吳政峻急」[86]等說法。甚至是備受後世推崇的諸葛亮，當時也受過如下的批評：

亮刑法峻急，刻剝百姓，自君子小人咸懷怨歎。[87]

究竟諸葛亮曾否「刻剝百姓」？[88]本文暫且不論。但「自君子小人咸懷怨歎」，無疑是指施行峻政的後果。可見行政峻急，難免招致百姓怨恨。《管子》曾云：「怨則凶。」而所謂「凶」，最明顯的一種表現，就是「政急民流」[89]，眾叛親離。《開元占經》引《黃帝占》云：

主亂政急，骨肉親疏遠，宗室不和附，人君不安。[90]

---

[85] 語出《漢書·藝文志》顏師古注。（同注 72，頁 439。）
[86] 語見干寶《搜神記》卷 8，《漢魏六朝筆記小說大觀》，上海：上海古籍出版社，1999，頁 347。
[87] 語見《三國志·諸葛亮傳》裴松之注引郭沖《五事》，《前四史》。（同注 72，頁 241。）
[88] 對於郭沖對諸葛亮的批評，裴松之曾駁斥云：「未聞善政以『刻剝』為稱。」（同上。）
[89] 語出瞿曇悉達《開元占經·太白占六·太白犯東井一》。（長沙：岳麓書社，1994，頁 528。）
[90] 見《開元占經·石氏中官·三台占五十三》。（同上，頁 692。）

而《鹽鐵論・未通》篇云：

> 傳曰：「政寬者民死之，政急者父子離。」是以田地日
> 荒，城郭空虛。[91]

所謂「民死之」，意謂人民都願意為國出力，死而後已；而「父子離」，則表示人民流亡遠徙，骨肉分離，最後導致國家「田地日荒，城郭空虛」的慘澹局面。

事實上，上引《鹽鐵論》的一段話，不僅可視為「寬則得眾」與「峻則失眾」的真實注解，同時，它還可以促使我們思考一個問題：即所謂「得眾」與「失眾」，除了指民心的向背外，是否也牽涉到人口、生產力、勞動力、軍事力量等現實問題？而孔子說「寬則得眾」的時候，是否已兼指這些方面的涵義？抑或，他與臧文仲所說的話，僅僅是語言相似，而內涵不盡相同？這些，顯然都是值得深思的問題。

---

[91] 見王利器《鹽鐵論校注》，北京：中華書局，1992，頁192。

（五）結語

　　綜合以上分析，簡文「洒」字，可隸定為「洒」，讀為「峻」。「峻則失眾」，可解為：（統治者）行政峻急，則失去民眾。

＊此文初稿為本人博士論文之一篇，後在南京大學其間，進行了大幅度的修改與重寫，以迄完成。作者謹志。

八、《從政》甲篇「悗則亡新」考

　　《從政》甲篇第八簡云：「⬚⬚⬚⬚」①。張光裕先生釋為「悗則亡新」②，並云：「『悗』即『悗』。『新』讀為『親』。《說文·心部》：『悗，悹也。』《詩·小雅·頍弁》：『未見君子，憂心悗悗。』毛傳：『悗悗，憂盛滿也。』」③

　　對於「悗」字的考釋，學者頗有異辭。周鳳五先生云：

　　　「悗則亡親」，整理者引《說文》「悗，憂也」與《詩·小雅·頍弁》「未見君子，憂心悗悗」為說。但，何以君子心中煩憂，人民就不親附？這點似乎費解。其實，此字可以讀為「梗」。《方言·二》：「梗，猛也。」《廣雅·釋詁》：「梗，強也。」簡文是說，為政如果剛猛強悍，人民就不親附。④

案：「悗」字古音幫紐陽部，「梗」字見紐陽部，二字韻部雖

---

① 見馬承源編《上海博物館藏戰國楚竹書（二）》，頁 66。
② 同上，頁 222。
③ 同上，頁 223。
④ 參周鳳五〈讀上博簡楚竹書《從政（甲篇）》札記〉，簡帛研究網（03/01/10），http://www. bamboosilk.org/Wssf/2003/ zhoufengwu01.htm。

同，但聲紐相去甚遠⑤。此外，「梗」訓為「猛」或「強」，在傳世文獻中，從沒有用來形容治道，也從沒有與「人民」並提。因此，讀「怲」為「梗」，解為「為政剛猛強悍」，似缺乏文獻上的證據。事實上，周鳳五先生後來也放棄了釋「怲」為「梗」的說法，而改從陳劍先生讀「怲」為「猛」⑥。陳氏云：

> 「猛」原作從心從「丙」的繁體（加「口」旁）形，「丙」與「猛」音近可通。「猛」即「威而不猛」之猛，《左傳》昭公二十年云：「大叔為政，不忍猛而寬。……仲尼曰：『善哉！政寬則民慢，慢則糾之以猛。猛則民殘，殘則施之以寬。寬以濟猛，猛以濟寬，政是以和。』」可與簡文講「從政」的「猛則無親」參讀。⑦

考「猛」字古音明紐陽部，與「怲」字之幫紐相距較遠⑧。

此外，徐在國先生也提出新的說法，徐氏說：

⑤參《陸志韋語言學著作集（一）》，北京：中華書局，1985，頁229，幫、見二紐在《說文》諧聲僅二見。
⑥參周鳳五〈讀上博楚竹書《從政》甲篇劄記〉，載朱淵清、廖名春合編《上博館藏戰國楚竹書研究續編》，頁185-186。
⑦見陳劍〈上博簡《子羔》、《從政》篇的竹簡拼合與編連問題小議〉，載《文物》2003年第5期(2003年5月)頁64。
⑧參《陸志韋語言學著作集（一）》，頁230。

《從政甲》第八簡「恮則亡新（親）」。原書作者訓「恮」為憂。我們懷疑「恮」字當讀為「妨」。楚簡「病」字或從「方」聲。《說文》「仿」，籀文或從「丙」聲。「枋」又作「柄」。《儀禮・士昏禮》：「皆南枋。」注：「今文枋作柄。」《禮記・禮運》：「以四時為柄。」《釋文》：「柄本又作枋。」因此，「恮」字可讀為「妨」。《說文》：「妨，害也。」《左傳・隱公三年》：「且夫賤妨貴、少陵長、遠間親、新間舊、小加大、淫破義，所謂六逆也。」孔穎達疏：「妨，謂有所害。」簡文「妨則亡（無）新（親）」意為傷害則失去親近。[9]

徐氏讀「恮」為「妨」，在聲韻上沒有問題。不過，從大旨看，解「妨」為「傷害」，似與下文「罰則民逃」[10]之義相重，恐非。

案：張光裕先生釋「恮」為「憂」，其實不一定有問題。憂也有許多種不同的情況，如果是憂國憂民、憂公忘私，人民不會不親附。但如果在上位者終日憂慮不安、憂愁恐懼，其下屬便很容易對他失去信心而不親附。不過，細審「恮則亡親」上下文所說的「七幾」，如「獄則興」、「悢（威）則民不道」、「罰則民

---

⑨參徐在國〈上博竹書（二）文字雜考〉，載《學術界》2003 年第 1 期 (2003 年 1 月)，頁 102。
⑩同注 1，頁 222。

逃」等，其中的「獄」、「悢」、「罰」，均屬於相當具體的政治措施及手段，而「憂」則屬於內心的狀態，似與其他幾項不符。但與其釋「恦」為「梗」、「妨」、「猛」，似不如讀之為「迫」。《淮南子·原道》云：「昔在馮夷大丙之御也」⑪，高誘注：「『丙』，或作『白』。」⑫而枚乘（?-前140）《七發》《文選》李善注引《淮南子》此文，「大丙」作「太白」⑬，是「丙」聲與「白」聲古通之證。案「恦」古音幫紐陽部，「迫」幫紐鐸部，二字幫紐雙聲，陽鐸對轉。因此，讀「悁」為「迫」，在音韻上沒有問題。

《說文·人部》：「促，迫也。」⑭《廣雅·釋詁一》：「迫，急也。」⑮是「迫」字有「促迫」、「急迫」之義。本文「迫則亡親」，可能謂為政急迫，則人民不願親附。《管子·正世》篇云：

制民急則民迫，民迫則窘，窘則民失其所葆。⑯

⑪見《淮南子》，台北：藝文印書館，1974，頁9。
⑫同上。
⑬見《文選》，北京：中華書局，1977，頁483。
⑭見《說文解字詁林》，頁3603b。
⑮見徐復（1911-2006）主編《廣雅詁林》，南京：江蘇古籍出版社，1998，頁90。
⑯見《管子》，《四部叢刊》本，卷15，頁10b。

人民一旦「失其所葆」，必然產生離異之心。因此本文作者，主張為政寬緩。同篇第五簡云：「五德：一曰愞。」[17]又第五至第六簡云：「尋（君子）不愞則亡（無）吕頌（容）百眚（姓）。」[18]又《容成氏》第六簡形容帝堯為政「甚緩而民備（服）」[19]。「寬緩」之與「促迫」，義正相反。可見讀「悟」為「迫」，實與上下文文義密合，可備一說。

---

[17]同注1，頁219。
[18]同注1，頁219-221。
[19]同注1，頁254。

九、《從政》乙篇「穽（壅）戒先遄（匧），則自异（忌）司（始）」考

（一）三家之說

《從政》乙篇第一簡：「⟨符號⟩」①。張光裕先生隸定為：「穽（壅）戒先遄（匧），則自异（忌）司（始）」②，並考釋云：

「穽」，字亦見《郭店楚墓竹簡‧成之聞之》第十五、十六簡：「是以民可敬道（導）也，而不可穽（壅）也。」「壅」，舊讀為「掩」，然從字形分析，該字乃從公得聲，可讀為「雍」，而用為「壅」，取「壅蔽」之義。《詩‧小雅‧無將大車》：「無將大車，維塵雍兮。」鄭玄箋：「字又作壅。」（基案：語實出自《經典釋文》。）一說讀「穽」為「擁」（楊澤生《戰國竹書研究》）。「戒」，《說文‧収部》：「警也。从廾、戈，持戈以戒不虞。」「壅戒」，言警戒受壅蔽。「遄」即「匧」。「匧」，《說文‧匸部》：「七也。」「异」，讀為「忌」。从丌得聲字

---

①參馬承源編《上海博物館藏戰國楚竹書（二）》，頁 79。
②同上，頁 233。

有讀為「忌」者，如《郭店楚墓竹簡・語叢二》第二十六、二十七簡：「乘（勝）生於忿（怒），惎（忌）生於轊（勝）」、「惻（賊）生於惎（忌）」。又《尊德義》第一簡：「濰忿繼，改懼（忌）勳（勝），為人上者之矛（務）也。」「懼」字原作「弓」，揆諸文意，應讀為「忌」，可與本文「㥈」字互證。「雍戒先匿，則自忌始」，蓋言戒備之心若失，則已先啟微亡之徵，此皆因有猜忌之心故也。③

對於張氏的釋讀，除「㥈」字外，楊朝明先生基本贊同，但他對文句的涵義有不同的理解，楊氏云：

　　雍，同「塞」。戒，簡文像兩手持戈，表示戒備。《說文》：「戒，警也。……持戈以戒不虞。」《詩・小雅・采薇》：「豈不日戒。」《莊子・養生主》：「怵然為戒。」《國語・吳語》：「息民不戒。」《禮記・曾子問》：「以三年之戒。」並同此義。匿，《說文》：「亡也。」有隱藏、隱蔽、消除之義。忌：原《考釋》以為有猜忌之義，王中江先生讀為「己」，並指出郭店竹書中的《語叢一》有「知己而後知人」，按照字形，其中的「己」應隸定為「忌」，讀如「己」，字形與之近；《五行》篇有「忌

③同上，頁 234。

（己）有弗為而美者也」。（基案：王說見〈《從政》重編校注〉，參第四篇注4。）王讀是。

本句可與《孔子家語‧王言》對讀：「政教定，則本正也。凡上者，民之表也，表正，則何物不正？是故人君先立仁於己，然後大夫忠而士信，民敦俗璞，男愨而女貞，六者，教之至也，布諸天下四方而不窕（基案：「窕」當為「怨」之誤，詳注文。），納諸尋常之室而不塞。」《大戴禮記‧主言》與之意義相同而表述有異，亦可對讀。簡文的「壅戒」應該是「壅蔽之警戒」，而不是「警戒受壅蔽」，它不是一個動賓詞組。「壅戒先匡」與《孔子家語》的「不窕（基案：當作「怨」。）」、「不塞」義近，意思是被壅蔽的危險就沒有了；「則自己始」就是「就從自己開始」，與《孔子家語》的「先立人於己」義近。

「壅戒先匡，則自忌（己）始」，意思是要消除被壅蔽的危險，就必須從自己開始，自己先要做好。④

案：楊氏認為本句可與《孔子家語》對讀，但其所謂「消除被壅蔽的危險」，不但釋義未確（如解「匡」為「消除」，「戒」為

---

④見楊朝明〈《從政》篇釋義三則〉，簡帛研究網（03/05/04），
http：//www.jianbo.org/Wssf/2003/yangchaoming02.htm。
案：楊文引用了《孔子家語‧王言》篇，但未注明版本。「布諸天下四方而不窕」句，世界書局本「窕」作「怨」。見《家語等五十七種》，台北：世界書局，1962，頁4。

「危險」，皆不見於故訓。），內容亦流於浮泛，與《王言》篇所言布政不怨之義，相去懸遠。至於原〈考釋〉將「壅戒先匿」四字，分別釋成兩句，亦有增字解經之嫌。唯近年出版的《〈上海博物館藏戰國楚竹書（二）〉讀本》（基案：以下簡稱《讀本》。），訂「穽」為「舂」，讀為「容戒先慝，則自己始」[5]，在舊說的基礎上，另出新義，解釋較為近理。對於前句，《讀本》有如下的說明：

> 「舂」字從廾、容聲（戰國楚系文字從宀、公聲，參何琳儀先生《戰典》410頁），也可以看成「容」的繁形，「容戒」即「心中有警戒」。「匿」或許可以讀成「慝」，邪惡，《論語·顏淵》：「攻其惡，無攻人之惡，非脩慝與？」何晏集解：「孔曰：慝，惡也。」「容戒先慝」或許可以釋成：心中保持警戒，在邪惡發生之前就消除它。[6]

至於後句，該書則沿用楊氏的說法，解為「必須從自己開始做好」[7]。

案：《說文·宀部》云：「容，盛也。從宀、谷。冏，古文

⑤見李旭昇主編《〈上海博物館藏戰國楚竹書（二）〉讀本》，頁72。
⑥同上，頁73。
⑦同注5。

容，從公。」⑧簡文首字作𥤔⑨，《讀本》釋為「𥤔」，在字形隸定上沒有問題（參望山楚簡 M1・185 及九店楚簡 M621・6 兩「容」字的寫法，見【附錄一】）。其謂「心中保持警戒，在邪惡發生之前就消除它」，意思也較他說明確和合理。但「容」字是否可解為「心中保持」，本身已是一個問題⑩；而所謂「消除」，更是明顯的增字。可見《讀本》的說法，同樣存在一些解釋上的困難。

除此之外，三家之說還有一個共同的缺點，就是他們的解釋，均無法反映前後兩句之間的因果關係。這與簡文的上下文文例截然不同。以下是一些相關的文例，可以作為參考：

⑴從命，則正（政）不裻（勞）；
⑵㬥（顯）訆（嘉）懽（勸）信，則憍（偽）不章；
⑶毋占（佔）民贍（欲），則同；
⑷不膚（敷）澾（法）嬴（盈）亞（惡），則民不悁（怨）。⑪

---

⑧見丁福保編《說文解字詁林》，頁 3236a。
⑨同注 1，頁 79。
⑩《說文・宀部》云：「容，盛也。」　　案：「容」之本義為容盛，引申為寬容、容許等義。而《讀本》解為「保持」，也許是出於對《易傳》的誤解。考《易・臨・象傳》云：「君子以教思无窮，容保民无疆。」（見阮刻《十三經注疏》，頁 36。）孔穎達云：「『容』謂容受也。保安其民，无有疆境。」（同上。）又虞翻（164-233）注：「容，寬也。」（見李道平《周易集解纂疏》，頁 224。）李道平疏：「《中庸》『寬裕溫柔，足以有容也』。故『容』訓『寬』。坤廣為『容』，眾為『民』，又『行地無疆』，故『容保民無疆』。」是「容」與「保」非一義。至若解為「心中保持」，則古書未見其例。
⑪同注 1，頁 233-234。

上面四例，均出於〈從政乙〉篇的第一、二簡。其共通之處，都是以前句為因，後句為果，而以「則」字表示兩者之間的因果關係。然而按照諸家的解釋，則本文後句，非但不是前句的結果，反而是它的原因或必須條件。這無疑與上下文的表述方式有異，有違古人的行文習慣。從這點看，以上三種說法，恐怕都不是正確的解釋。

（二）「窉戒先邍」

「窉」，可從《讀本》之說，隸定為「窉」。張光裕先生指出，此字亦見於郭店楚簡〈成之聞之〉篇第十六簡，寫作「窉」[12]。而第二十三簡亦有此字，寫作「窉」[13]，字形竝同。其第十五、十六簡云：「是以民可敬道（導）也，而不可窉也。」[14]「窉」，晚近諸家多讀為「掩」[15]，唯張氏認為「從字形分析，該字乃從公得聲，可讀為『雍』，而用為『甕』，取『甕蔽』之義」。　案：「窉」讀為「甕」，在通假上沒有問題。《史記·田敬仲完世家》云：「楚圍雍氏。」[16]帛書本《戰國策》

---

[12] 錄自張光裕主編《郭店楚簡研究·第一卷文字編》，頁310。
[13] 同上。
[14] 同上，頁563-564。
[15] 見陳偉《郭店竹書別釋》，武漢：湖北教育出版社，2003，頁146。又劉釗（1959-）《郭店楚簡校釋》，福州：福建人民出版社，2003，頁141。
[16] 見《史記》，《前四史》，頁325。

「雝」作「翁」⑰。是「公」、「雝」二聲古通。而「壅」、「導」二字，古籍多並見。如《孝經·聖治章疏》引唐玄宗（712-756）《制旨》云：「導之斯通，壅之斯蔽。」⑱又《國語·周語上》云：「防民之口，甚於防川。川壅而潰，傷人必多。民亦如之。是故為川者決之使導，為民者宣之使言。」⑲（此文亦見於《呂氏春秋·恃君覽》，文字略異。）韋昭注：「導，通也。」⑳蓋「通」之與「塞」，猶「導」之與「壅」，義正相對。可見「而不可窬也」之「窬」，宜從張說，讀為「壅」。

　　本文「窬」字，亦當讀為「壅」。雷浚（1814-1893）《說文外編》卷五云：

　　　　《月令》：「謹壅塞。」《說文》無「壅」字。《玉篇》作「壂」。《土部》：「壂，……塞也，障也，隔也。《周禮》：『壅氏掌溝瀆澮池之禁。』鄭曰：『壅謂隄防止水者，今從土。』」㉑

另孔穎達云：

⑰說見高亨（1900-1986）《古字通假會典》，濟南：齊魯書社，1989，頁7。
⑱見阮刻《十三經注疏》，頁2554。
⑲見徐元誥《國語集解》，頁11。
⑳同上。
㉑同注8，頁6888b。

「壅」謂障而不使行，若土壅水也。㉒

是「壅」字本有「壅塞」、「壅防」水流之義。如《國語・周語下》云：「昔共工棄此道也，虞于湛樂，淫失其身，欲壅防百川，墮高湮（基案：韋昭注：『堙，塞也。』疑本作『堙』。）庳，以害天下。」㉓後引申為一般意義的「隄防」㉔。如同書《晉語一》云：「湜而不知，胡可壅也？」㉕韋昭注：「壅，防也。……不知其惡，何可防止也。」㉖本文「壅」字，正此「隄防」之義。

　　「戒」，簡文作「𢦏」㉗。《說文・𠬞部》云：「戒，警也。從𠬞持戈，以戒不虞。」㉘徐灝《說文解字注箋》云：「持戈以警備，引申為凡戒慎之偁。」㉙所謂「持戈以戒不虞」，即執兵備患之義。《玉篇・𠬞部》云：「戒，防患也。」㉚徐鍇（920-974）《說文繫傳・通論》云：「防患曰戒（基案：語出韓康伯《周易注》）。戒，警也。《書》曰：『儆戒無虞。』君子思患而豫

㉒見《左傳・昭公元年疏》。（同注 18，頁 2024。）
㉓同注 19，頁 93-94。
㉔「隄防」，亦作「堤防」，今俗作「提防」。《漢書・董仲舒傳》云：「夫萬民之從利也，如水之走下，不以教化隄防之，不能止也。是故教化立而姦邪皆止者，其隄防完也。教化廢而姦邪並出，刑罰不能勝者，其隄防壞也。」（見《前四史》，頁 995。）
㉕同注 19，頁 249。
㉖同注 19，頁 249。
㉗同注 1，頁 79。
㉘同注 8，頁 1133a。
㉙同注 8，頁 1133a。
㉚見《玉篇》，《小學名著六種》，頁 27。

防之。」㉛又《易‧萃‧象傳》曰:「君子以除(基案:《疏》云:『除者,治也。』)戎器,戒不虞。」㉜正用本義。蓋「警戒」,義同「警備」。《方言》卷十三云:「戒,備也。」㉝文亦見《廣雅‧釋詁二》㉞。故「以戒不虞」,又可易言為「以備不虞」㉟。本文「戒」字,義即「戒備」。

「壅戒」,猶言「防備」或「防戒」。二字並為動詞。下文「先匿」,則當為賓語。

「先」,《廣韻‧先韻》云:「先後也。」㊱孔穎達云:「先,相次為言,對次故稱先也。」㊲蓋事物莫先於其始,故先之極,則為「始」義。是以《廣雅‧釋詁一》云:「先,始也。」㊳本文「先」字,用如「先幾」之「先」。《易‧乾‧文言》疏云:「既識事之先幾,可與以成其事務。」㊴駱賓王(640-684)〈為徐敬業以武后臨朝移諸郡縣檄〉云:「坐昧先幾之兆,必貽後至之誅。」㊵所謂「先幾」,猶言「始幾」。「先」即

㉛同注 8,頁 1133a。
㉜同注 18,頁 58。
㉝見戴震《方言疏證》。(《小學名著六種》,頁 69。)
㉞見王念孫《廣雅疏證》,《高郵王氏四種之一》,頁 71。
㉟《漢書‧辛慶忌傳》云:「慶忌宜在爪牙官,以備不虞。」(見《前漢書》,《前四史》,頁 1071。)
㊱見《廣韻》。(《小學名著六種》,頁 33。)
㊲語見《禮記‧郊特牲》「先路三就」疏。(同注 18,頁 1445。)
㊳同注 34,頁 4。
㊴同注 18,頁 16。

「始」義。

「**遑**」，可從張光裕先生說，讀為「匿」。《說文·匚部》云：「匿，亡也。」[41]而《玉篇·匚部》云：「匿，亡隱也。」[42]是「匿」之義，當為事物之隱微莫見者，故《爾雅·釋詁下》云：「匿，微也。」[43]邢昺（932-1010）疏云：「『匿』者，⋯⋯微昧不顯揚也。」[44]蓋「微昧不顯」，則陰僻之事，得以隱行（《說文·彳部》云：「微，隱行也。」[45]），故又引申為「陰姦」[46]或「陰慝」[47]（「匿」、「慝」，古今字。）。本文「匿」，即「陰姦」之義，不必改讀為「慝」。而《讀本》解為「邪惡」，未確。

「先匿」，猶言「始匿」。「壅戒先匿」，意謂防備陰姦之始萌。

事實上，類似的說話，亦見於《逸周書·大戒》篇，其言云：

[40]見姚鉉（968-1020）編《唐文粹》卷三十上，台北：世界書局，1972，頁10。
[41]同注8，頁5724a。
[42]同注30，頁107。
[43]同注18，頁2575。
[44]同注18，頁2575。
[45]同注8，頁816a。
[46]《玉篇·匚部》云：「匿，陰姦也。」（見《小學名著六種》，頁107。）
[47]《周禮·夏官·環人》云：「環人掌致師，察軍慝，環四方之故。」鄭玄注：「慝，陰姦也。視軍中有為慝者則執之。」（同注18，頁844。）

聚材多，以援成功。克禁淫謀，眾匡乃雍。 ⑱

潘振《周書解義》云：「匡，陰姦也。」⑲丁宗洛《逸周書管
箋》云：「雍與雝通。」⑳是「雝匡」之義，具見於傳世古籍，
實為本文釋讀之明證。此外，張衡（78-139）〈西京賦〉云：
「重門襲固，姦宄是防。」㉑「防姦」，亦與「雝匡」義近，可
參。

（三）「則自异司」

上文曾說，「雝戒先匡」與「則自异司」之間，應存在一種
因果關係，並舉出了若干文例為證。但不論將本句讀為「則自忌
始」或「則自己始」，均不能反映這種關係。因此，有重新改讀
的必要。

「自」，簡文作「囟」㉒，疑讀為「辠」；或為「辠」之省
文。《說文・辛部》：云「辠，犯法也。從辛從自。言辠人感
鼻苦辛之憂。秦以辠似皇字，改為罪。」㉓而徐灝《說文解字注

---

⑱見黃懷信、張懋鎔、田旭東編《逸周書彙校集注》，頁 609。
⑲同上。
⑳同上。
㉑見《六臣注文選》，頁 38。
㉒同注 1，頁 79。
㉓同注 8，頁 6583b。

箋》認為：「『皋人慼鼻苦辛』，說近穿鑿。……『自』當為聲。」⑤稍後朱駿聲撰《說文通訓定聲》，亦以「自」為聲符，謂「此字从辛，自聲。」⑤　　案：此說可從。「皋」、「自」古聲竝屬從紐，其韻則微、質旁對轉，聲同韻近。故「皋」、「自」二字，古可通用。如《尚書·洛誥》云：「無有遘自疾」，劉逢祿（1776-1829）引莊存與（1719-1788）云：「『自』當作『皋』。」⑤而「皋」，數見於戰國齊璽（璽彙3667）及晉璽（璽彙3250、3251、3253），均讀作「自」⑤。此兩字相通之證。「皋」，「罪」之本字。

「异」，簡文作「异」⑤。〈從政甲〉篇第十八簡亦有此字，作「异」⑤，云「行在异（己）而名在人」⑥。本條之「异」，可讀為「己」，而用為「紀」。《釋名·釋天》、《廣雅·釋言》竝云：「已，紀也。」⑥《說文·糸部》云：「紀，別

---

⑤同注8，頁6584a。

⑤同注8，頁6584b。　　案：對於「皋」字的結構分析，何琳儀先生的觀點與朱氏相同，認為：「皋，从辛，自聲。」（見《戰國古文字典》，頁1274。）

⑤見劉逢祿《尚書今古文集解》，《續經解尚書類彙編》，台北：藝文印書館，1986，頁380。

⑤說見何琳儀《戰國古文字典》。（同注55。）

⑤同注1，頁79。

⑤同注1，頁76。

⑥同注1，頁231。

⑥前者見王先謙《釋名疏證補》，上海：上海古籍出版社，1984，頁38。後者見王念孫《廣雅疏證》。（同注34，頁143。）

絲也。」⑥²朱駿聲《說文通訓定聲》云：「『已』即『紀』之本字，古文象別絲之形。」⑥³又云：「（紀），此後出字。『已』為十幹借義所專，因又製此，加糸傍也。」⑥⁴　　案：朱說可從。吳大澂（1835-1902）《說文古籀補》云：「己，古紀字。」⑥⁵不少近現代學者，如王獻唐（1896-1960）、戴君仁（1901-1978）、高鴻縉（1892-1963）、張秉權等，均從不同角度，對朱說有所補充和訂正⑥⁶。其中戴氏〈釋夏、釋桀、釋己〉一文，發明舊義，語多精覈，其言云：

　　朱氏謂己為紀之本字，說是。……己之初形當作彐，象繭形而垂曳絲縷。古止有己而無紀，金文可證。紀為己之累增字，朱駿聲指為「後出」，是也。紀訓絲別，當即己之本義。……而抽繹絲緒之事亦得名紀。《穀梁傳・莊二十二年》范注：「紀，治理也。」《棫樸》正義：「紀者，別理

---

⑥²大徐本作「紀，絲別也。」（同注8，頁5802a。）此據段注本改。沈濤《說文古本考》云：「《詩・棫樸》正義引作『別絲也』。蓋古本如是，今本二字誤倒。正義又引云：『紀者，別理絲縷。』當是《說文》注中語。《左氏・僖公二十四年》正義引同今本。疑後人據今本改。」（同前。）

⑥³同注8，頁6575b。

⑥⁴同注8，頁5803a。

⑥⁵見李圃主編《古文字詁林》冊九，上海：上海教育出版社，2004，頁1147。

⑥⁶詳見李圃主編《古文字詁林》冊十，上海：上海教育出版社，2004，頁999-1003。

絲縷。」……治絲必不使棼，故再引申乃有條理、法度之意，而且為凡記事條目之稱矣。[67]

戴氏謂「己」字「象繭形而垂曳絲縷」，此點尚可商榷[68]。惟說「紀」從「抽繹絲緒」，引申為「治理」，參諸故訓，似無可疑。除上文所引者外，《白虎通・三綱六紀》亦云：「紀者，理也。」[69]《詩・大雅・棫樸》：「綱紀四方」[70]，鄭玄箋云：「理之為紀。」[71]《國語・晉語四》：「禮以紀政」[72]，韋昭注云：「紀，理也。」[73]《逸周書・殷祝》：「唯有道者紀之」[74]，潘振《解義》云：「『紀之』，指治天下而言也。」[75]據此，則本文「紀」字，當可解為「治理」。關於這一點，下文還有補充。

[67] 見戴君仁〈釋夏、釋桀、釋己〉，《中國文字》第十三期。（同上。）
[68] 高鴻縉認為「己象縱橫絲縷有紀之形」。張秉權認為「（己）可能就是一種繀絲的工具。……大概就是宋應星《天工開物》所說的『溜眼』『掌扇』之類的東西，用來分別絲縷，使其不致紊亂。」（同上。）皆與戴說不同。
[69] 見陳立（1809-1869）《白虎通疏證》，《諸子集成・補編》冊二，成都：四川人民出版社，1997，頁 364。
[70] 同注 18，頁 515。
[71] 同注 18，頁 515。
[72] 同注 19，頁 328。
[73] 同注 19，頁 328。
[74] 同注 48，頁 1117。
[75] 同注 48，頁 1117。

「司」，簡文作「𤔲」[76]。此字屢見於郭店楚簡，張光裕《郭店楚簡研究‧第一卷‧文字編》隸定為「司」[77]。然而其後出版的相關專著，如湯餘惠《戰國文字編》及李守奎《楚文字編》，均隸定為「𤔲」[78]。　案：戰國楚文字「司」字習見（參【附錄二】），多作「𠨷」（天卜）[79]、「𠨷」（包23）[80]、「𠨷」（郭‧窮8）[81]，與「𤔲」異形。「𤔲」，當從湯、李隸定為「𤔲」。　對於此字的結構，季旭昇先生有如下的分析：

> 「𤔲」字，《朱德熙古文字論集》118頁以為「這個字可能是在𠨷（司）上加注聲符台，也可能是在台上加注聲符司」。蓋為從「台」聲與「司」聲之兩聲字，故可讀為從「𠨷（司）」或從「台」得聲之字。[82]

「𤔲」是否為兩聲字？至今未能斷言。不過，古代從「司」及從「台」得聲之字，往往可以互通，經傳多有其例。王念孫云：

---

[76] 同注1，頁79。
[77] 同注12，頁110。
[78] 參湯餘惠主編《戰國文字編》，頁77。另李守奎主編《楚文字編》，頁76。
[79] 錄自李守奎主編《楚文字編》，頁541。
[80] 同上。
[81] 同上。
[82] 見季旭昇主編《〈上海博物館藏戰國楚竹書（一）〉讀本》，台北：萬卷樓圖書股份有限公司，2004，頁92。

「司」與「台」，篆、隸皆不相似，寫者無由亂之。「不嗣」之為「不怡」、為「不台」、「嗣」音之為「詒」音，皆以聲相近而通，非以字相似而誤也。「司」與「台」聲相近，故從「司」、從「台」之字可互通。《左氏春秋・莊八年》「甲午治兵」，《公羊》作「祠兵」。《釋獸・釋文》曰：「齝，字書以為古『齝』字。」（基案：參《玉篇・齒部》「齝」字條。）皆其例也。[83]

王氏之說，洵為的論。事實上，「司」聲與「台」聲通假的例子，在出土文獻中很多，不勝枚舉。「台」，無疑可讀為從「台」得聲之字。惟張光裕、楊朝明及《讀本》讀為「始」，未確。「台」，當讀為「治」。「治」，一般可解為「治理」。但如果治理的對象，適為犯法的罪人（基案：「辠（罪）」往往兼有「罪人」、「罪行」二義。），則古書的「治」，每寓「討治」之義。關於這一點，王引之（1766-1834）《經義述聞》有詳細的說明。王氏云：

> 《說文》：「討，治也。」《襄五年・左傳》：「楚人討陳叛故。」杜注亦曰：「討，治也。」「討」可訓為

---

[83]見王引之《經義述聞・尚書上・嗣》，《皇清經解諸經總義類彙編》，台北：藝文印書館，1982，頁671。

「治」,「治」亦可訓為「討」。《桓元年》:「春,王。」《穀梁傳》曰:「桓無王,其曰王,何也?謹始也。其曰無王,何也?桓弟弒兄,臣弒君,天子不能定,諸侯不能救,百姓不能去,以為無王之道,遂可以至焉爾。元年有王,所以治桓也。」謂稱王以討桓之罪也。……古者多謂「討」為「治」。《哀六年·左傳》:「晉伐鮮虞,治范氏之亂也。」謂討范氏之亂也。《二十三年·傳》:「齊人取我英邱(基案:『邱』,阮刻《十三經注疏本》作『丘』,下同。),君命瑤,非敢燿武也,治英邱也。以辭伐罪足矣。」謂討齊人取英邱之罪也。[84]

通過王氏的引證,可知經傳「治」與「罪」連言,多有治惡討罪的意思。那麼,可解為「治理」的「紀」,是否也有相同的涵義和用法呢?

考《穀梁傳·莊公二十二年經》云:「肆大眚。」[85]《傳》云:「肆,失也。眚,災也。災,紀也。失,故也。為嫌天子之葬也。」[86]對於「災,紀也」一句,范甯(339-401)《集解》云:

---

[84] 見王引之《經義述聞·春秋穀梁傳·所以治桓也》,《皇清經解諸經總義類彙編》。(同上,頁 1092-1093。)
[85] 同注18,頁 2385。
[86] 同注18,頁 2385。

「災」謂罪惡。「紀」，治理也。有罪當治理之。[87]

依照范氏的解釋，則《穀梁傳》之「災紀」，即「罪治」。「紀」字的意義和用法，實與「討治」之「治」相似。

筆者認為，「紀治」當屬同義連文。「紀治」，義同「詰治」。「紀」、「詰」，蓋一聲之轉。（「紀」屬見紐，「詰」屬溪紐，二字旁紐雙聲。）「詰」，《玉篇‧言部》云：「治也。」[88]又《周禮‧夏官‧大司馬》：「制軍詰禁，以糾邦國。」[89]鄭玄注：「詰猶窮治也。」[90]是「詰」之與「紀」，聲近義同。《尚書‧呂刑》云：「度作刑以詰四方」[91]，「詰四方」，實即紀治四方之意。（孔傳云：「度時世所宜，訓作贖刑，以治天下四方之民。」[92]）經注有「詰治」一詞，如《尚書‧洪範》正義云：「六曰司寇之官，詰治民之姦盜也。」[93]又《左傳‧昭公十四年》正義云：「姦邪慝惡，為民害者，詰治之。」[94]是官府「詰治」之對象，乃「姦邪慝惡」之罪民。可見「紀（詰）治」之與「皋

---

[87]同注18，頁2385。
[88]同注30，頁34。
[89]同注18，頁834。
[90]同注18，頁834。
[91]同注18，頁247。
[92]同注18，頁247。
[93]同注18，頁189。　　案：《尚書‧周官》云：「司寇掌邦禁，詰姦慝，刑暴亂。」孔傳云：「秋官卿主寇賊法禁，治姦惡，刑強暴作亂者。」（同前，頁235。）
[94]同注18，頁2076。

（罪）」，義正相關。本文「則罪紀治」，即罪惡可得而治的意思。

（四）結語

綜合以上分析，簡文「壅戒先匿，則罪紀治」，可解為：在陰姦開始時有所防備，則罪惡可以得到整治。

【附錄一】錄自李守奎編《楚文字編》，頁454。

容

容宮宏　舍

		望 M1 185
	郭 · 語一 · 52	郭 · 語一 · 13
九 M621 6 說文古文。	郭 · 語一 · 109	郭 · 語一 · 47
	郭 · 語二 · 24	郭 · 語一 · 50

137

司

司								
帛丙97	帛甲3·71	九M5643	包56	望M155	天策	天卜	曾173	鄂君啟舟節
璽0024	帛丙93	秦M99	包213	望M1128	信2·2	天卜	曾176	曾150
璽0042	帛丙95	秦M99	包224	包15背	信2·2	天卜	天卜	曾151
璽5538	帛丙97	牌17	郭·窮8	包23	望M154	天策	天卜	曾170

十、《容成氏》「弔（強）溺（弱）不絢錫，眾募（寡）不聖訟」考

（一）三家不同的意見

《容成氏》第三十六簡云：「堂（當）是旹（時），███████，█████，天地四旹（時）之事不攸（修）。」①「堂（當）是旹（時）」後十字，李零先生隸定為「弔（強）溺（弱）不絢錫，眾募（寡）不聖訟」②，並云：

> 「絢錫」，疑讀「辭揚」。「聖訟」，疑讀「聲頌」。「天地四旹之事不攸」，即「天地四時之事不修」。案：以上是講夏桀失政。③

李氏沒有說明「辭揚」、「聲頌」之具體涵義④。邱德修先生在其專著《上博楚簡〈容成氏〉注釋考證》中，引用李氏的釋讀，並提出自己的見解，邱氏云：

---

① 參馬承源編《上海博物館藏戰國楚竹書（二）》，頁 128 及 278。
② 同上，頁 278。
③ 同上，頁 278。
④ 根據字面理解，李零先生說的「辭揚」、「聲頌」，可能與表揚、稱頌的意思接近。故「不辭揚」、「不聲頌」，大概是指對夏桀之政不加頌揚。

「絢」借作「辭」字用，借「諹」為「揚」字用；至於「絢諹」者，李文有說，云：「『絢諹』，疑讀『辭揚』。」其說是也。簡文云：「弝溺不絢諹」，即「強弱不辭揚」，強者欺侮弱者竟然不敢張揚出去。⑤

又云：

　　「聖」，讀作「聽」字，「聖訟」即「聽訟」……。唯李文云：「聖訟，疑讀『聲頌』。」「聽訟」為兩周熟語，而「聲頌」一詞則前所未聞，其說恐非。簡文云：「眾寡不聖訟」，即「眾寡不聽訟」，謂多數暴力欺凌少數民族（或弱勢團體）時，政府不肯主持公道，加以制裁。⑥

案：邱氏贊同李零先生的意見，讀「絢諹」為「辭揚」。「辭揚」一詞，不見於先秦文獻。邱氏解為「張揚」，應該與其對「強弱」的理解有關。他認為「強弱不辭揚」，意思是「強者欺侮弱者竟然不敢張揚出去」。然而在先秦古籍中，「強弱」和「眾寡」，並沒有「強者欺侮弱者」、「眾暴寡」之類的意

⑤見邱德修《上博楚簡〈容成氏〉注釋考證》，台北：台灣古籍出版有限公司，2003，頁521。
⑥同上，頁522。

思[7]。因此，邱氏解「強」為「欺侮」[8]、「眾」為「多數暴力」[9]，似與當時的字義及用法不符。至於「聽訟」，雖說是「兩周熟語」，但作者未能舉出任何相關史料，證明「多數暴力欺凌少數民族（或弱勢團體）時」，夏代政府「不肯主持公道，加以制裁」。

蘇建洲先生在〈《容成氏》柬釋（四）〉一文中，則提出一些不同的意見，蘇氏云：

「辭揚」疑讀作「辭聽」。易，余紐陽部；聽，透紐耕部，聲紐同為舌頭音，韻部則為旁轉。《左傳・哀公二十三年》：「越諸鞅來聘」，《吳越春秋・句踐入臣傳》諸「鞅」作諸稽「郢」（余耕）。《禮記・月令》：「民殃於疫」，《後漢書・魯恭傳》引「殃」作「傷」。可證「易」、「聽」音近可通。《周禮・秋官・小司寇》：「以五聲聽獄訟，求民情。一曰辭聽。」鄭玄《注》曰：「觀其

---

[7]《禮記・樂記》云：「強者脅弱，眾者暴寡。」（見阮刻《十三經注疏》，頁1529。）　　案：在儒家經傳及先秦諸子中，「強弱」之「強」，並無用作動詞的例子。而「眾寡」之「眾」，被用為動詞的，亦僅有三例，均見於《墨子・節葬》，文句大致相同。如《節葬下》云：「厚葬久喪誠可以富貧眾寡，定危治亂乎？」（見《二十二子》，頁244。）「眾」字用作動詞，解為「增眾」，其義與「暴力」、「欺凌」無涉。

[8]邱德修先生云：「簡文此『強』字作動詞，謂欺侮也。」（同注5，頁521。）

[9]邱德修先生云：「『眾』，名動相因，此作動詞用，類似今天的『多數暴力』。」（同上。）

出言，不直則煩。」

　　「聲訟」疑讀「聽訟」。《論語・顏淵》：「聽訟，吾猶人也，必也使無訟乎。」孔《疏》：「（聽訟）聽斷訟獄」。簡文「眾寡不聽訟」與上句「強弱不辭聽」意思相近，互文可通。「辭聽」即「聽訟」；而《韓非子・安危》曰：「安危在是非，不在於『強弱』。存亡在虛實，不在於『眾寡』。」可說明「強弱」、「眾寡」應可互用。簡文疑指諸侯之國不論強或弱、大或小都不依民情聽斷訟獄，不諦聽兩造之辭來斷獄，致使人民的真實情況無法上達。《呂氏春秋・慎大覽・慎大》：「桀為無道，暴戾頑貪，天下顫恐而患之，言者不同，紛紛介介（原注：「介介」，王念孫說，怨恨之意）其情難得。」陳奇猷曰：「情讀為誠，實也，猶今語『真實情況』」……。另外，《說苑・指武》：「文王先伐崇，先宣言曰：余聞崇侯虎蔑侮父兄，不敬長老，『聽獄不中』……乃伐崇。」可見，聽斷獄訟若立場不公正，亦是一種嚴重的過失。⑩

案：蘇氏懷疑「辭揚」讀作「辭聽」，「聲訟」讀作「聽訟」，前後兩句「意思相近，互文可通」，與李、邱二先生的說法，頗

⑩見蘇建洲〈《容成氏》柬釋（四）〉，簡帛研究網（03/04/16），http://www.jianbo.org/Wssf/2003/sujianzhou17.htm。

有不同。蘇氏之說，有一些地方，似值得商榷：

其一、蘇氏認為「『辭聽』即『聽訟』」，又認為「強弱」、「眾寡」可以互用。如此，則前後兩句意思基本相同，語意重複。

其二、蘇氏援引《呂覽‧慎大》篇，以說明諸侯國「不依民情聽斷訟獄，……致使人民的真實情況無法上達」。但細觀《呂覽》原文，「其情難得」，是因為「桀為無道，暴戾頑貪，天下顫恐而患之」，故言者「紛紛分分」⑪，殽亂其詞（參注11）。這與同篇下文所說的情況：「眾庶泯泯，皆有遠志。莫敢直言，其生若驚」⑫，十分相似。可見「真實情況無法上達」，主要是因為言者「紛紛分分」，「莫敢直言」，害怕言語惹來殺身之禍所致。〈慎大〉篇完全沒有提及「聽訟」之事，可見《呂氏春秋》這段說話，與「聽斷訟獄」並無關連。夏桀之世是否存在「不聽訟」的問題，由於文獻無徵，似乎未可妄下定論。「緆緆」，不一定讀作「辭聽」。

在進一步探討之前，有一個關鍵性的問題，必須釐清：就是

---

⑪見《二十二子》，頁 675。　　　案：原文作「分分」，蘇建洲先生從王念孫改為「介介」。對於王氏之改字，陳奇猷（1917-）曾加以辨正，《呂氏春秋校釋》云：「王念孫校本改『分分』為『介介』，改注『恐恨』為『怨恨』，與吳說合。案俞、吳、王說均非也。（基案：『俞』謂俞樾，『吳』謂吳承仕（1885-1939）。）此分假為混，混混亦殽亂也，……與紛紛同義。『紛紛分分』形容『言者不同』，謂言者各異，殽亂不一。」（上海：學林出版社，1984，頁 847）。
⑫見《二十二子》，頁 675。

143

簡文上句「當是時」，描述的究竟是怎樣的一個時勢？這對確定本句文義，非常重要。

（二）「當是時」的歷史涵義

考同篇上簡云：「王天下十又（有）六年而傑（桀）复（作）。傑（桀）不述亓先王之道，……。」[13]本簡下段，則提及「湯乃專（輔）爲正（征）复（籍），吕正（征）闢（關）市」[14]之事，可見「當是時」所指的時間，大約在夏桀登位之後，湯武革命之前，也就是夏桀統治的時期。

《史記‧夏本紀》云：「帝桀之時，自孔甲以來，而諸侯多畔。夏桀不務德，而武傷百姓，百姓弗堪。」[15]所謂「武傷百姓」，指的應是夏桀對諸侯國的武力征伐。《尚書‧湯誓》云：「夏王率遏眾力，率割夏邑（基案：此句《史記‧殷本紀》作「率奪夏國」，說見注文），有眾率怠弗協。曰：『時日曷喪？予及汝皆亡！』」[16]其說可與《史記》互參。是帝桀之時，曾有「率割夏

---

⑬同注 1，頁 277。
⑭同注 1。
⑮見《史記》，《前四史》，頁 26。
⑯見阮刻《十三經注疏》，頁 160。　　案：陳喬樅（1809-1869）《今

邑」之事。《竹書紀年》記桀「滅有緡」⑰、「伐岷山」⑱，《國語‧晉語》記「夏桀伐有施」⑲，皆其證。春秋末年的墨子，曾對夏桀肆意征伐的行為，作過深入的分析。《墨子‧天志中》云：

> 桀、紂、幽、厲焉所從事？曰：從事別，不從事兼。別者，處大國則攻小國，處大家則亂小家，強劫弱，眾暴寡，詐謀愚，貴傲賤。 ⑳

又《天志下》云：

> 別之為道也，力正（基案：「正」，與「征」通，詳注文）。……曰：力正者何若？曰：大則攻小也，強則侮弱也，眾則賊寡也，詐則欺愚也，貴則傲賤也，富則驕貧也，壯則奪老也。是以天下之庶國，方以水火毒藥兵刃以相賊害也。㉑

文尚書經說攷》云：「《史記》多以訓詁代經文。『割』作『奪』、『邑』作『國』，亦皆以訓詁代之。『割剝』猶『攘奪』也。」（見《續經解尚書類彙編》，台北：藝文印書館，1986，頁1038。）
⑰見《二十二子》，頁1060。
⑱見方詩銘、王修齡《古本竹書紀年輯證》，上海：上海古籍出版社，2005，頁17。　案：《容成氏》第三十八簡亦記桀「迄（起）帀（師）昌伐昏（岷）山是（氏）」，與此同。（同注1，頁279。）
⑲見徐元誥《國語集解》，頁250。
⑳見《二十二子》，頁246。
㉑同上，頁247。　案：同書《節葬下》云「諸侯力征」，孫詒讓

上面兩段文字，針對的雖然不只夏桀一個君主，但所謂「處大國則攻小國」、「強劫弱，眾暴寡」，卻不啻為其統治諸夏時的寫照。尤其是第二段末句，謂「天下之庶國，方以水火毒藥兵刃以相賊害」，更間接道出了天子「力征」，引發諸侯國之間攻伐兼併的情況。《竹書紀年》云：「二十八年，昆吾氏伐商」[22]，又云：「（三十年，）商師征昆吾」[23]，正是這情況的具體表現。《墨子·節葬下》云：

　　……昔者聖王既沒，天下失義，諸侯力征。[24]

依照墨子的說法，夏代的「聖王」為夏禹[25]。那麼，夏桀之世，無疑正是「聖王既沒，天下失義」之時。而「強劫弱，眾暴寡」、「以水火毒藥兵刃以相賊害」等現象，皆為當時歷史的真實反映。簡文「當是時」，說的正是這樣的一個時勢。

　　值得注意的，是「強」、「弱」、「眾」、「寡」四字，在《墨子》的兩段引文中均有出現，這恐怕不是偶然。因為類似的

（1848-1908）注：「征、正、政通。《天志上》篇作『力政』，《下》篇及《明鬼下》篇並作『力正』。」（見《墨子閒詁》，《諸子集成》冊 4，北京：中華書局，1954，頁 110。）

[22] 同注 17，頁 1061。
[23] 同上。
[24] 同上，頁 243。
[25] 《墨子·法儀》篇云：「昔之聖王，禹、湯、文、武。」（同上，頁 226。）

用例，還見於其他古籍。如《商君書·畫策》云：「神農既沒，以彊勝弱，以眾暴寡。」[26]《呂氏春秋·謹聽》云：「亂莫大於無天子。無天子則彊者勝弱，眾者暴寡，以兵相殘，不得休息。」[27]上述二例，均不約而同地以「彊勝弱」、「眾暴寡」來形容亂世的情狀。這大概是由於聖王泯沒，強弱相凌，不僅是歷史的常有現象，同時也是戰國時期學者的共同認識。遣詞造句，亦大同小異。

明白了這點，筆者推測，簡文「強弱不絧諆，眾寡不聖訟」的涵義，可能亦與「強弱相乘，眾寡相暴」[28]的意思大致相似。

（三）「強弱不絧諆」

「絧」，李零先生讀為「辭」。考「絧」字從「糸」，「台」聲。「台」字屢見於《上博楚竹書（二）》，多讀為「始」。然而同篇第二十二簡：「各（冬）不敢以蒼（寒）台（辭），頢（夏）不敢以晷（暑）台（辭）」[29]，兩個「台」字，均讀為「辭」。據此，則從「台」聲之「絧」，亦可讀為「辭」。

---

[26] 見《二十二子》，頁 1111。
[27] 同上，頁 668。
[28] 語見《太平御覽·皇王部》引《淮南子》，云：「又曰：堯之有天下也，非貪萬民之富也，而寧人主之位也，以為百姓力屈，強弱相乘，眾寡相暴。」 案：「強弱相乘，眾寡相暴」，今《淮南子·主術訓》作「強凌弱，眾暴寡」。（同上，頁 1244。）
[29] 同注 1，頁 267。

「辭」，《說文・辛部》云：「訟也。从𤔔，𤔔猶理辜也。𤔔，理也。」[30]又同部「辤」下云：「辤，不受也。」[31]段玉裁注：「經傳凡『辤讓』皆作『辭說』字，固屬叚借，而學者乃罕知有『辤讓』本字。」[32]　案：《說文》解「辭」為「訟」，明顯與「辭讓」之義無涉。「辭讓」與「不受」，卻有意義上的關連。《國語・周語中》云：「王勞之以地，辭」[33]，韋昭注：「辭，不受也」[34]。段氏以假借來說明「辭」、「辤」的語義關係，應該是正確的。蓋辤而不受，即近於辭讓。在經籍舊注中，亦可以找到釋「辭」為「讓」的例子。如《公羊傳・隱公元年》云：「隱於是焉而辭立」[35]，何休《解詁》云：「辭，讓也」[36]。簡文「辭」字，亦「讓」之義。

---

[30]見丁福保編《說文解字詁林》，頁 6587a。
[31]同上，頁 6586a。
[32]同上，頁 6586b。　案：「辭」、「辤」二字，究竟是否屬於假借關係？學者頗有爭議。清儒段玉裁、王筠皆主張「假借」說，而徐灝卻認為「辤」乃「辭」之省文。（同上，頁 6586a-6587a。）其後王國維撰《古籀篇疏證》，謂「古辭、辤殆一字。……受辛之辤本𤔔辛之譌」，懷疑古無辤字。（引自李圃主編《古文字詁林》冊十，上海：上海教育出版社，2004，頁 1043。）李孝定先生（1918-1997）亦有相似的意見。（同前，頁 1047。）近閱董蓮池先生《說文解字考正》，說法亦與王、李二氏相同。（北京：作家出版社，2005，頁 581-582。）然而，如果「辭」、「辤」確為一字，則「辭讓」之義，究從何來？學者至今仍未有一個圓滿的解釋。
[33]同注 19，頁 51。
[34]同上。
[35]見阮刻《十三經注疏》，頁 2197。
[36]同上。

「諹」，簡文作「」㊲。此字不見於《說文》。《玉篇·言部》云：「諹，譽也，讙也。」㊳蓋「譽」與「揚」義近㊴，「諹」訓為「譽」，或者與「揚」義有關。考「諹」、「揚」俱從易聲，疑為同源字。《古璽彙編》收錄此字，讀為「象」㊵。簡文亦似為假借字，疑讀為「讓」。「諹」、「讓」餘（喻四）日旁紐㊶，陽部疊韻，韻同聲近，可以通假。如先秦聯綿詞「襄羊」㊷，又作「儴佯」㊸、「翔佯」㊹、「相羊」㊺。而「羊」、

㊲同注 1，頁 128。

㊳見《玉篇》，《小學名著六種》，頁 36。

㊴《論語·衛靈公》云：「誰毀誰譽？」邢昺疏云：「譽，謂稱揚。」（見阮刻《十三經注疏》，頁 2518。）

㊵見何琳儀《戰國古文字典》，頁 662。

㊶關於喻母四等的上古音，學界頗多爭議。馮春田、梁苑、楊淑敏合編的《王力語言學詞典》云：「王力從語音的系統性或後代分化的條件等方面考慮，把喻母的上古音擬測為〔ɦ〕。」而根據王力（1900-1986）的上古聲母表，這與照、穿、神、日的發音部位相同，均為舌面前音。（見《王力語言學詞典》，濟南：山東教育出版社，1995，頁 489-490。）

㊷《史記·司馬相如列傳》：「招搖乎襄羊，降集乎北紘。」（同注 15，頁 522。）

㊸王念孫云：「《史記·司馬相如傳》：『招搖乎襄羊。』……（《文選》）五臣本作『招搖乎儴佯。』垃字異而義同。」（《廣雅疏證》，《高郵王氏四種之一》，頁 190-191。）

㊹《莊子·山木》：「徐行翔佯而歸，絕學捐書。」（見《二十二子》，頁 58。）

㊺《楚辭·離騷》：「折若木以拂日兮，聊逍遙以相羊。」（見洪興祖（1090-1155）《楚辭補注》，北京：中華書局，1983，頁 28。）姜亮夫（1902-1995）云：「《玉篇》引作『纕絴』，音同。…… 相羊蓋先秦常語，所以狀浮遊無所依據之象，秦漢間人尤多用之，例不勝舉。字又作『相佯』，…… 又作『襄羊』，…… 又作『儴佯』，…… 又作『儴佯』……。」（見《楚辭通故》，昆明：雲南人民出版社，1999，頁 538-539。）

「相」二聲，古代多與「易」聲通用。《詩·召南·采蘋》：「于以湘之」㊻，《韓詩》「湘」字作「鬺」㊼。又《呂氏春秋·盡數》：「與為飛揚」㊽，舊校云：「一作『翔』」㊾。是「襄」、「相」、「羊」、「易」，古音竝通。

「綢繆」，蓋讀為「辭讓」。「辭讓」為先秦常語，《禮記·禮運》云：「（聖人）尚辭讓，去爭奪。」㊿《坊記》云：「無辭而行情，則民爭。」（鄭玄注：「辭，辭讓也。」）[51]上面兩句經文，都點出了「辭讓」與「爭奪」的關係。孫希旦《禮記集解》云：「爭奪非尊尚辭讓則不能去。」[52]蓋尊尚辭讓，則爭奪不生。百姓不務爭奪，則「謀閉而不興，盜竊亂賊而不作」（鄭玄注：「尚辭讓之故也。」）[53]關於這點，荀子曾作過深入的分析，《性惡》篇云：

今人之性，生而有好利焉，順是，故爭奪生而辭讓亡焉；生而有疾惡焉，順是，故殘賊生而忠信亡焉；生而有耳目之欲，有好聲色焉，順是，故淫亂生而禮義文理亡焉。然

㊻見阮刻《十三經注疏》，頁 286。
㊼王先謙云：「《漢書·郊祀志》：『鬺亨上帝鬼神』，師古注：『鬺、亨一也。鬺亨，煮而祀也。《韓詩》曰：「于以鬺之？惟錡及釜。」』」（見《詩三家義集疏》，頁 80。）
㊽見《二十二子》，頁 636。
㊾同上。
㊿見阮刻《十三經注疏》，頁 1422。
[51]同上，頁 1621。
[52]見孫希旦《禮記集解》，頁 607。
[53]語出《禮記·禮運》。（見阮刻《十三經注疏》，頁 1414。）

則從人之性，順人之情，必出於爭奪，合於犯分亂理而歸於暴。故必將有師法之化，禮義之道，然後出於辭讓，合於文理而歸於治。[54]

按照荀子的意思，人性好利，「必出於爭奪」，而辭讓的行為，則有待於「師法之化，禮義之道」（楊倞注：「『道』，與『導』同。」）[55]。如果統治者肆行侵伐，則無異於鼓吹爭奪，摒棄辭讓，其最終結果，必然導致天下百姓「犯分亂理而歸於暴」。這與上一節所引述《墨子》的話：「聖王既沒，天下失義，諸侯力征」，情況大致相似。蓋「爭奪生」而「辭讓亡」，簡文「不辭讓」的涵義，適與此同。

「強弱不辭讓」，猶言強弱互不辭讓，即強不辭弱，強弱相乘的意思。

（四）「眾寡不聖訟」

「聖」，邱德修、蘇建洲二先生均讀為「聽」。陳劍先生亦讀為「聽」，無說[56]。李零先生則讀為「聲」。事實上，「聖」

---

[54] 見《二十二子》，頁346。
[55] 同上。
[56] 見陳劍〈上博簡《容成氏》的竹簡拼合與編連問題小議〉，朱淵清、廖名春編《上博館藏戰國楚竹書研究續編》，頁331。

與「聽」、「聲」，在字源上關係密切。郭沫若（1892-1978）云：

> 古聽、聲、聖乃一字，其字即作耴，从口耳會意，言口
> 有所言，耳得之而為聲。其得聲之動作則為聽。聖、聲、聽
> 均後起之字也。⑤⑦

考甲骨文「聖」字作「𦔻」（乙六五三三）、「𦕇」（乙五一六一）
等形⑤⑧，从人、耴。據郭說，應視為「耴」之孳乳字。徐中舒主編
之《甲骨文字典》認為：「耳具敏銳之聽聞之功效是為聖」，並
指出：

> 聲、聽、聖三字同源，其始本為一字，後世分化其形音
> 義乃有別，然典籍中此三字亦互相通用。⑤⑨

案：本文「聖」字，正讀為「聽」。而「聖」、「聽」互通，戰
國楚簡多有其例。如同篇第十七簡：「𡐨（舜）乃老，視不明，
聖（聽）不聰（聰）。」⑥⑩又第十八簡：「𡐨（禹）聖（聽）正

⑤⑦ 語見《卜辭通纂》，引自于省吾主編《甲骨文字詁林》，北京：中華
　　書局，1996，頁 658。
⑤⑧ 錄自《甲骨文編》，北京：中華書局，1965，頁 466。
⑤⑨ 見徐中舒主編《甲骨文字典》，成都：四川辭書出版社，2003，頁
　　1287。
⑥⑩ 同注 1，頁 263。

（政）三年，不折（製）革，……。」⑥¹皆其例。

　　「聽」，《說文‧耳部》云：「聆也。」⑥²又：「聆，聽也。从耳，令聲。」⑥³　　案：「聆」字疑从耳令，令亦聲，會聽令之意，與「聑」字之从口、耳會意相似。故二字引申，皆有「聽從」之義。《廣雅‧釋詁一》云：「聆、聽，從也。」⑥⁴而「從」，古作「从」⑥⁵。《說文‧从部》云：「从，相聽也。从二人。」⑥⁶蓋二人相从，則有彼此容受之義。《國語‧晉語六》云：「晉國故有大恥，與其君臣不相聽，以為諸侯笑也。」⑥⁷　　案：「不相聽」，猶言「不相受」。《呂氏春秋‧至忠》云：「至忠逆於耳，倒於心，非賢主其孰能聽之。」⑥⁸高誘注：「聽，受也。」⑥⁹是其證。蓋人與人相聽，國與國相受，則上下

---

⑥¹同上。

⑥²同注 30，頁 5353b。

⑥³同上，頁 5354a。

⑥⁴見王念孫《廣雅疏證》，頁 8。

⑥⁵段玉裁云：「按从者，今之從字，從行而从廢矣。」徐灝云：「从、從，古今字。」（竝見《說文解字詁林》。同注 30，頁 3648a。）又高田忠周《古籀篇》云：「从從兩字，古來互通用也。愚亦謂从作二人相從形，至順正道也，故相聽而莫逆也。隨行義亦自存于此。疑古以从兼從。後人泥于行義，加辵以分別。在三代時从從古今字也。」（引自《古文字詁林》冊七，上海：上海教育出版社，2002，頁 470。）

⑥⁶同注 30，頁 3648a。　　案：小徐本「聽」下有「許」字。鈕樹玉（1760-1827）《說文解字校錄》云：「《廣韻》引及《玉篇》注同。《繫傳》、《韻會》作『相聽許也』，恐非。」（同前，頁 3647b。）

⑥⁷同注 19，頁 394。

⑥⁸見《二十二子》，頁 660。

⑥⁹同上。

遠近，無有乖違⑦。本文「聽」字，即用此義。

　　至於「訟」，當讀為「容」。《說文・宀部》云：「容，盛也。从宀、谷。宮，古文容，从公。」⑦《玉篇・宀部》於「容」字下亦云：「宮，古文。」⑦董蓮池先生云：

　　　　「容」，戰國作宮（十一年庲鼎），从宀，从公，从公無意，當以公為聲符，……。又，戰國古璽所見作宮（《古璽匯編》一〇六九頁），从公聲；信陽楚簡「榕」所从容作宮，亦从公聲。可見「容」本从宀，公聲。⑦

然則《說文》所謂「古文容，从公」，「公」當為聲符。「容」、「訟」均從公聲，故字可通假。同篇第五十三簡背：「訟城氏」⑦，原《考釋》云：「即『容成氏』。」⑦是其明證。

---

⑦《逸周書・史記解》云：「昔者，績陽彊力四征，重丘遺之美女，績陽之君悅之，熒惑不治，大臣爭權，遠近不相聽，國分為二。」（見黃懷信、張懋鎔、田旭東《逸周書彙校集注》，頁1035。）可參。
⑦同注30，頁3236a。
⑦同注38，頁44。
⑦見《說文解字考正》。（同注32，頁289。）　案：遠在董氏之前，清儒段玉裁已提出過相同的意見，認為「公」為「公聲」。王筠《說文繫傳校錄》、朱駿聲《說文通訓定聲》說竝同。（見《說文解字詁林》，頁3236a-3236b。）
⑦同注1，頁146。
⑦同上，頁293。

「容」，本義為「容盛」，引申為「容許」、「涵容」等義。姜亮夫先生云：

> 《七諫·沈江》「獨廉潔而不容」，又《哀時命》「身既不容于濁世」，又云「雖翕翅而不容」，諸容字皆謂不為物所承受，以今語釋之，即不為人物所容許也。……容許者，今恒言。與允許異。允許者，承認其人其事，以言詞達之者也。容許者，容忍其人、其言、其事，在不言不語中見之。故容實有涵容之義也。[76]

案：《論語·子張》云：「君子尊賢而容眾，嘉善而矜不能。我之大賢與，於人何所不容？」[77]「何所不容」，與姜先生所謂「容忍其人、其言、其事」，理無二致。又《尚書·君陳》云：「必有忍，其乃有濟。有容，德乃大。」[78]孔傳云：「有所包容，德乃為大。」[79]可見儒家言「容」，乃係對別人行為的廣泛包容。

「聽容」，即接受包容。《方言》卷六云：「受，盛也，猶秦晉言容盛也。」[80]《玉篇·受部》云：「受，容納也。」[81]是

---

[76] 見《楚辭通故》。（同注 45，頁 463-464。）
[77] 見阮刻《十三經注疏》，頁 2531。
[78] 同上，頁 237。
[79] 同上。
[80] 見戴震《方言箋疏》，《小學名著六種》，頁 34。
[81] 同注 38，頁 106。

「受」之與「容」，義亦相近。

「眾寡不聽容」，猶言眾寡雙方，不能相聽相容。蓋眾不聽寡，兩方相背相拒，必至於互相排斥，勢成水火。這與上文引述的「眾寡相暴」的情況，差距不遠。

（五）結論

總結上文，簡文「當是時」，指的是一個「曰彊勝弱，曰眾暴寡」（《商君書》）的時代。這時候，上無明君，下有叛臣，天子諸侯皆以力征、兼併為務。所謂「天下失義」，正指出當時禮義不行的情況。這與春秋時代王道衰微的景象，頗為相似。對此，孔子曾發出感嘆，《韓詩外傳》卷九記云：

> 子曰：「賜汝獨不見夫喪家之狗歟？既斂而槨，布器而祭，顧望無人，意欲施之，上無明王，下無賢士方伯。王道衰，政教失，強陵弱，眾暴寡，百姓縱心，莫之綱紀。是人固以丘為欲當之者也。丘何敢乎？」[82]

又同書卷五云：

---

[82]見屈守元《韓詩外傳箋疏》，頁 791-792。

于時周室微，王道絕，諸侯力政，強陵弱，眾暴寡。百姓靡安，莫之紀綱。禮儀廢壞，人倫不理。於是孔子自東自西，自南自北，匍匐救之。[83]

上面兩段說話，雖然角度不同，內容其實大同小異。可以看到，「上無明王」，則「強陵弱，眾暴寡」的現象，必然尾隨而至。這與本文「當是時，強弱不辭讓，眾寡不聽容」的涵義，基本相符，可視為本文釋讀的一個證明。

---

[83]同上，頁 438。

十一、《容成氏》「自為芑為於」考

（一）竹簡編連的問題

　　《容成氏》第四十二簡云：「受不述元先王之道，自為芑為於。」①「芑」，李零先生隸定為「芑」②，並考釋云：「（自為芑為於，）待考，同樣的句式也見於上文第三十五簡。」③案：同篇第三十五簡云：「傑（桀）不述元先王之道，自為〔芑為於〕」④。簡文「自為」以下原缺，今括號中三字，乃李零先生據第四十二簡補入⑤。是以第四十二簡的釋讀，牽涉到他簡的考定，其重要性不言而喻。

　　陳劍先生首先注意到編連的問題⑥。在〈上博簡《容成氏》的竹簡拼合與編連問題小議〉一文中，他對相關竹簡的編連作了如下的調整：

---

① 參馬承源編《上海博物館藏戰國楚竹書（二）》，頁 134 及 283。
② 同上，頁 283。
③ 同上，頁 283。
④ 同上，頁 277。
⑤ 李零先生云：「（自為）下缺文，據第四十二簡可補『為於』。」（同上。）
⑥ 陳劍先生云：「《上海博物館藏戰國楚竹書》（二）的《容成氏》篇，內容非常重要，竹簡保存狀況也比較良好。但原書的整理在竹簡拼合與編連方面存在問題，致使不少本來文意清楚的地方變得含混不清，全文的敘事脈絡也變得很混亂。」（見〈上博簡《容成氏》的竹簡拼合與編連問題小議〉，《上博館藏戰國楚竹書研究續編》，頁 327。）

湯王天下三十又一世而紂作。紂不述其先王之道，自
為芑（改？）為，於四十二是乎（原注：四十二和四十四簡相連處
的『於是乎』，是它們應連讀的確證。）作為九成之台，寘盂炭
其下，加圜木於其上，思民道之，能遂者遂，不能遂者，内
（墜）而死，不從命者，從而桎梏之。於是四十四乎作爲金桎
三千。⑦

根據陳先生的重編，第四十二簡結尾的「於」字，應與第四十四
簡開首的「是虖（乎）」連屬，作「於是虖（乎）......」。這
樣，原本五字的結句，便成了「自為芑為」。這個改定，頗得到
學者的認同。黃錫全先生便認為「陳劍的斷句、銜接可能是正確
的。」⑧李銳先生（1977-）亦說：

　　原釋文下連「於」字為讀，陳劍將此簡下接簡四十四作
　　「自為芑（改？）為，於是乎……」，斷句是。⑨

案：「於是乎」，全篇凡二十七見，蓋為《容成氏》作者的慣用

⑦ 同上，頁 331。
⑧ 見黃錫全〈讀上博簡（二）劄記五則〉，《第四屆國際中國古文字
　學研討會論文集》，香港：香港中文大學中國語言及文學系，2003，
　頁 241。
⑨ 見李銳〈讀上博館藏楚簡（二）劄記〉，《上博館藏戰國楚竹書研
　究續編》，頁 529。

語。同篇第四十四、四十五簡云：「於是虎（乎）复（作）爲金桎三千。」⑩「於是乎」出現在二簡相連的位置，情況與本簡相似。黃錫全、李銳支持陳劍的斷句，是有道理的。稍後季旭昇先生主編《〈上海博物館藏戰國楚竹書（二）〉讀本》，亦採用了陳劍的意見⑪。至於第四十三簡，謂「亓政絤（治）而不賞，官而不簹（爵），無萬（勵）於民，而絤（治）圌（亂）不忌。」⑫李零先生認為是指「不靠賜賞而達到政治」⑬、「不靠爵祿而得人以任」⑭。揣摩文意，似乎是對統治者政績的稱述。那麼，原《釋文》置諸第四十二簡下，歸入商紂的治績，顯然是一個錯置。

（二）字形考釋上的爭議

在釋讀上，陳劍先生懷疑「芑」當讀為「改」，但「自為改為」是甚麼意思，陳氏未有加以說明，其涵義不免令人費解。而原來的編連，五字連讀，反而有更大的詮釋空間。因此部分學者墨守舊編，在原有的基礎上進行釋讀。如邱德修先生云：

---

⑩ 同注1，頁 284-285。
⑪ 參季旭昇主編《〈上海博物館藏戰國楚竹書（二）〉讀本》，頁 172。
⑫ 同注1。
⑬ 同注1，頁 284。
⑭ 同上。

「芑」，釋作「菜也」，釋作「艸也」，謂賤物。「於」係「烏」的古文省，借作「污」字用。

……「為芑為於」，即「為芑為污」，係上古的一句成語，形容人自暴自棄，自我作賤，自我污蔑的意思。

簡文云：「自為芑為於」，即「自為芑為污」，謂商紂（受）自暴自棄，自我作賤，自我污蔑，無所不用其極了。⑮

劉釗先生在〈《容成氏》釋讀二則〉一文中，亦提出類似的意見，不過他認為簡文「芑」字，應釋為「芸」，讀為「溳」或「昏」。劉氏云：

文中「芸」字《上海博物館藏戰國楚竹書（二）》釋文隸定作「芑」，認為字從「艸」從「巳」。我們認為此字與鄂君啟節的「芸」字寫法相同，也應該以釋為「芸」字為是。

「芸」字在簡文疑讀為「溳」或「昏」。「芸」從「云」聲，古音「云」「溳」皆在匣紐文部，「昏」在曉紐文部，三者於音可通。「溳」典籍訓為「亂」和「溳濁」，

---

⑮見邱德修《上博楚簡〈容成氏〉注譯考證》，台北：台灣古籍出版有限公司，頁587。

《楚辭·離騷》：「世溷濁而不分兮，好蔽美而嫉妒。」王逸注：「溷，亂也。」《文選·賈誼〈弔屈原文〉》：「世謂隨、夷為溷兮，謂跖、蹻為廉。」顏師古注：「溷，濁也。」溷字典籍又通作「混」或「昏」，皆為「昏亂」、「溷濁」之意。《先秦漢魏晉南北朝詩·魏詩卷六》曹植《丹霞蔽日行》謂：「紂為昏亂，虐殘忠正。」文中的「紂為昏亂」正相當於簡文「受不述其先王之道，自為芸為於」的「為芸（溷或昏）」。

「於」字在簡文中應該讀為「汙」或「惡」。古音「於」、「污」、「惡」皆在影紐魚部，三者於音可通。「汙」「惡」二字古代音義皆近，常可相通。「汙」或「惡」指邪穢、不廉潔。……《白虎通》卷三「禮樂」說：「周室中制象樂何？殷紂為惡日久，其惡最甚，斬涉句胎，殘賊天下。」文中的「殷紂為惡」正相當於簡文「受不述其先王之道，自為芸為於。」的「為於（汙或惡）」。

所以簡文「受不述其先王之道，自為芸為於。」就應讀為「受不述其先王之道，自為溷（昏）為汙（惡）。」[16]

案：邱、劉兩位先生的說法，似乎不無道理。根據陳劍先生的編連，則不論是「自為芭為」或「自為溷為」，均不成文理，不可

---

[16] 見劉釗《出土簡帛文字叢考》，台北：台灣古籍出版有限公司，2004，頁 110-111。

能是正確的解釋。而且，簡文「芑」字，未見於傳世字書。《毛傳》「菜也」之釋，當屬「芑」字[17]。而根據古訓，「芑」字從無「賤物」之喻，邱氏解「為芑」為「自我作賤」，終覺牽強。至於劉氏之說，則引起了部分學者的關注，蓋楚文字中的「巳」與「云」，字形相似。不過，「云」字簡帛文字作「」（郭·緇35）、「」（帛丙91）等形[18]，上部填實，與本文「」字偏旁有別。高佑仁先生曾列舉戰國楚系「云」字十餘例，加以歸納，認為「楚文字『云』字寫法很特別，大多都以頭部填實的型態出現」[19]。事實上，除鄂君啟節銘外，劉氏沒有其他例子，足以證明他的觀點。在劉文發表後不久，黃錫全先生曾將鄂君啟節銘文所謂「芸」字與簡文「」字的偏旁細加比較，認為二字寫法不同。他在〈讀上博簡（二）劄記五則〉一文中說：

> 芑（）字與鄂君啟節或釋作「芸（）」的字類同，但筆意有別。所以，或以為從巳。我們反復比較所從的偏旁，雖有混淆之例，但從「巳」似乎更為合理。「巳」字多先寫上一小彎筆，再寫下一長勾筆；鄂君啟節則是上筆轉折後大筆豎下右彎勾，與此有別。因此，我們傾向將此字釋從「巳」。

---

[17] 《詩·小雅·采芑》「薄言采芑」，《傳》云：「芑，菜也。」見阮刻《十三經注疏》，頁 425。
[18] 錄自李守奎主編《楚文字編》，頁 654。
[19] 見高佑仁〈談《唐虞之道》與《曹沫之陣》的「沒」字〉，簡帛網，http://www.bsm.org.cn/show_article.php?id=145，2005。

芑，本來有從已從己二字。已、己形近易混，現存字書多見從「己」的「芑」，估計為混二為一之故。根據字形與讀音，此字疑讀為姬之異文「妃」。《集韻·之韻》：「姬，眾妾總稱。或作妃。」陳侯午鐓「皇姒孝大妃」之妃，讀姬。後來從已與從己的「妃」混同。已，喻母之部。己，見母之部。簡文的「芑（妃）」，疑指紂王寵信的妃妾妲己。「自為芑為」，指紂王、妲己所作所為。這樣理解，於形於義及簡文、史實均不矛盾。[20]

案：黃氏「自為妃為」之論，不論從構句或文義上看，都難以令人滿意。然而在字形分析上，作者明辨了「𢍓」、「𢎀」[21]二字筆法上的差異，糾正了劉氏「寫法相同」的觀點，不啻為有價值的意見。而更重要的是，他認為簡文「從『已』似乎更為合理」。對此，筆者有兩點可以補充：

其一，戰國楚系「已」字作「𠃑」（望M1.10）、「𠃌」（包4）、「𠃌」（郭·性15）、「𠃌」（郭·語二·38）等形[22]，與簡文「𢍓」字的下部相較，不獨字形相似，而且筆法相同，可以視為一字；

其二，鄂君啟舟節的「𢎀」字，過去學者如殷滌非（1919-

[20] 同注 8。
[21] 此文錄自鄂君啟舟節銘摹本，見馬承源主編《商周青銅器銘文選四》，北京：文物出版社，1990，頁 432。
[22] 同注 18，頁 851-852。

1989）㉓、羅長銘（1904-1971）㉔、譚其驤（1911-1992）㉕、于省吾㉖、黃盛璋㉗、商承祚（1902-1991）㉘、容庚㉙等均釋為「芑」。後來朱德熙（1920-1992）、李家浩先生（1945-）撰文，認為該字「不从『巳』而从『云』」㉚，頗得到現代學者的首肯，幾為定論㉛。唯戰國晚期楚銅器郱陵君王子申豆銘「以祀皇祖」㉜，「祀」字作「示巳」㉝，偏旁寫法與「𢀖」字無異㉞，可證楚金文「巳」旁實有此形，與時代較早的鄂君啟節一脈相承。反觀「云」旁，卻

㉓見殷滌非、羅長銘〈壽縣出土的「鄂君啟金節」〉，《文物參考資料》，1958 年第 4 期，頁 8-11。
㉔同上。
㉕見譚其驤〈鄂君啟節銘文釋地〉，《中華文史論叢》第二輯，北京：中華書局，1962，頁 169-190。
㉖見于省吾〈「鄂君啟節」考釋〉，《考古》，1963 年第 8 期，頁 442-447。
㉗見黃盛璋〈關於鄂君啟節交通路線的復原問題〉，《中華文史論叢》第五輯，北京：中華書局，1964，頁 143-168。
㉘見商承祚〈談鄂君啟節銘文中幾個文字和幾個地名等問題〉，《中華文史論叢》第六輯，北京：中華書局，1965，頁 143-158。
㉙見容庚《金文編》第四版，頁 40。
㉚見朱德熙〈鄂君啟節考釋（八篇）〉，《朱德熙文集》第五卷，北京：商務印書館，1999，頁 189-202。
㉛趙誠先生（1933-）云：「朱、李二位所說極是，已成為定論。」（見《二十世紀金文研究述要》，太原：書海出版社，2003，頁 374。）
㉜見中國社會科學院考古研究所編《殷周金文集成釋文》第三卷，香港：香港中文大學中國文化研究所，2001，頁 606。
㉝同上。
㉞郱陵君王子申豆一例，筆者參考了蘇建洲先生的意見，詳季旭昇主編《〈上海博物館藏戰國楚竹書（二）〉讀本》，頁 173。

很難找到寫法相同的例子（參【附錄一】）㉟。何琳儀先生指出：「『云』旁與『芑』所從『巳』旁明顯有別，不大可能是一字的異體。」㊱從字形看，何氏之說應該可信。鄂君啟節一字，是否可釋為「芸」，始終是一個問題。

因此，筆者認為簡文「𦫵」字，宜保留舊釋，隸定為「芑」。

（三）文義解釋上的誤差

現在，我們再看「自為芑為」一句的意思。

上文已引述陳劍先生之說，陳先生懷疑「芑」當讀為「改」，但未作解釋。蘇建洲支持陳說，並加以補充，蘇氏云：

《詩・鄭風・緇衣》：「緇衣之宜兮，敝，予又『改為』兮。」《傳》：「改，更也。」《墨子・經下》：「景不徙，說在『改為』。」可知「改為」是較常見的。「改」，古文字多從「巳」，如《侯馬盟書》「弁改」讀作

㉟朱德熙、李家浩先生曾舉出四個可能是「云」旁的例子為證，其中三個上部填實，與鄂君啟節「芑」字不同。餘下的一個璽文，作𦫵，字形亦有一定差距。

㊱見何琳儀〈鄂君啟舟節釋地三則〉，《古文字研究》第二十二輯，北京：中華書局，2000，頁145。

「變改」、《郭店‧尊德勝（基案：「勝」當為「義」字之誤）》簡1「改慎勳」即「改慎勝」、《上博（一）‧孔子詩論》簡10「關雎之改」即「關雎之改」，（原注：參李守奎〈《戰國楚竹書‧孔子詩論‧邦風》釋文訂補〉《古籍整理研究學刊》2002.2頁9）。「改」，《說文》曰：「更也。」所以本句是說：紂不遵循先王的治國之道，反而自行更改作為禍國殃民。[37]

案：「芑」、「改」皆從「巳」聲，自然具備通假的條件。羅振玉（1866-1940）云：「古金文〔原注：改簋蓋〕及卜辭有從巳之改，無從己之改。疑許書之改即改字，初非有二形也。」[38]方濬益（?-1899）[39]、李孝定[40]、于省吾[41]等均有類似的說法，可見蘇

---

[37] 同注11，頁174。

[38] 見羅振玉《增訂殷墟書契考釋》卷中，《古文字詁林》冊三，上海：上海教育出版社，2001，頁704。

[39] 方濬益《綴遺齋彝器款識考釋》卷九云：「《說文》：『巳，巳也。』按古辰巳之巳，與巳（基案：巳，疑當作己。）止之巳本一字，凡事止則有更改之義。疑古文改本從巳，篆文分改改為二。」見《古文字詁林》冊三。（同上。）

[40] 李孝定《甲骨文字集釋》冊三云：「契文上出諸文以形言當為許書之攺（改），其義則為訓更之改。許書改下說解乃漢儀，自非造字本義。羅氏疑初非有二形，其說蓋是。」見《古文字詁林》冊三。（同上，頁705。）

[41] 于省吾〈論俗書每合于古文〉云：「契文、詛楚文更改之改均從巳，金文有改殷、改盨，新嘉量『改正建丑』之改從巳，漢印有史改，《隸韻‧上聲十五》海引石經《論語》改字從巳。《說文》以改為更改字，而更改之改反讀若巳，並不足據。」見《古文字詁林》冊三。（同上，頁705。）

氏說「『改』，古文字多從『巳』」，是有根據的。然而他將
「自為改為」解成「自行更改作為」，卻頗嫌籠統。因為所謂
「作為」，如果不加以說明或補充，在現代漢語裡往往僅指一般
意義上的行為或成就[42]。這樣解釋簡文，顯然不夠理想。因此，
他在語譯部分，又將「改為」解釋成「更改前人的德政」[43]。但
「為」字從無「德政」之義，而《詩·鄭風·緇衣》中的「改
為」，與下章之「改造」[44]及「改作」[45]對文，應屬動詞性的並列
結構，而非動賓結構。近人程俊英（1901-1993）、蔣見元合著的
《詩經注析》，便將「為」字解為「製作」[46]，其說至確。可見
蘇氏之注解，並未完全符合訓詁學的要求。

（四）訓詁學上的詮釋

　　「改」，《說文·攴部》云：「更也。」[47]

---

[42] 參《現代漢語詞典》「作為」條，北京：商務印書館，2002，頁
　　1686。
[43] 同注 11。
[44] 《詩·鄭風·緇衣》云：「緇衣之好兮，敝予又改造兮。」鄭玄《箋》：
　　「造，為也。」（見阮刻《十三經注疏》。同注 17，頁 336。）
[45] 《詩·鄭風·緇衣》云：「緇衣之蓆兮，敝予又改作兮。」鄭玄《箋》：
　　「作，為也。」（同上，頁 336-337。）
[46] 見程俊英、蔣見元《詩經注析》，北京：中華書局，1991，頁 220。
[47] 見丁福保編《說文解字詁林》，頁 1337b。

而「為」，當訓為「作」。《周禮・春官・典同》「以為樂器」⁴⁸，鄭玄《注》：「為，作也」⁴⁹。上引《詩・鄭風・緇衣》「敝予又改作兮」⁵⁰，《箋》云：「作，為也。」⁵¹又《爾雅・釋言》：「作、造，為也。」⁵²。是「作」、「為」二字互訓。曾憲通先生（1935-）曰：「作」古作「乍」，本義為「以耒起土」⁵³。由此引申，則有起始⁵⁴、創造⁵⁵等義。如《尚書・康誥》云：「周公初基，作新大邑于東國洛。」⁵⁶其中「作」字，便是興造、新作之意。這一點，在《論語》中有很好的反映。《述而》篇云：

述而不作，信而好古。⁵⁷

---

⁴⁸見阮刻《十三經注疏》，頁 797。

⁴⁹同上。

⁵⁰同上，頁 336-337。

⁵¹同上。

⁵²同上，頁 2581。

⁵³曾憲通先生說：「以耒起土是『乍』字的本義，引申而為耕作、農作之作」。（見〈「作」字探源 —— 兼談「耒」字的流變〉，《古文字與出土文獻叢考》，廣州：中山大學出版社，2005，頁 8。）

⁵⁴《說文・人部》云：「作，起也。」徐灝《說文解字注箋》云：「作者，始事之辭。故或訓為始，《魯頌》毛《傳》曰：『作，始也』。或訓為起，《易・繫辭傳》：『神農氏作』，虞注：『作，起也』。」（同注 47，頁 3549b。）

⁵⁵《漢書・禮樂志》云：「作者之謂聖」，顏師古注：「作，謂有所興造也。」（見《前漢書》，《前四史》，頁 761。）又《周易正義卷首・論重卦之人》云：「凡言作者，創造之謂也。」（見阮刻《十三經注疏》，頁 8。）

⁵⁶見阮刻《十三經注疏》，頁 202。

⁵⁷同上，頁 2481。

皇侃《義疏》云：

　　述者，傳於舊章也。作者，新制作禮樂也。⑱

朱熹《集注》亦云：

　　述，傳舊而已，作，則創始也。⑲

皇、朱二君的解釋，把「述」、「作」的關係交代得非常清楚。「述而不作」，從另一角度看，即好古守舊。蓋儒家重傳統，故不輕言創作。《漢書·禮樂志》云：「作者之謂聖，述者之謂明。」⑳創作乃聖人之事。可見儒家所謂「作」，其實包含了創制立度之意，不能簡單地理解為一般的制作。又《論語·先進》篇云：

　　魯人為長府。閔子騫曰：「如舊貫，如之何，何必改作？」㉑

⑱見程樹德（1877-1944）《論語集釋》，北京：中華書局，1990，頁434-435。
⑲同上，頁 435。
⑳同注 55。
㉑見阮刻《十三經注疏》，頁 2499。

邢昺《疏》云：「為，作也，言魯人新改作之也。」⑥蓋「改」者棄舊⑥，「作」者創新，二義相承，故「改」、「作」連文。此云「改作」，實兼「更改」與「創作」兩重涵義。簡文「改為」，猶言「改作」，意義亦相同。

「紂不述其先王之道，自為改為」，意思是說紂王沒有遵循其祖先的治國之道，自行更改與創制。

---

⑥同上。
⑥徐灝《說文解字注箋》云：「改、變、更竝从攴，有所治，以改其舊式也。」（見丁福保編《說文解字詁林》，頁 1337b。）

【附錄一】錄自湯餘惠編《戰國文字編》，頁767。

雲

| A 陶彙5·294 | A 璽彙4876 | A 璽彙4877 | A 雲夢·封診40 |

| B 郭店·緇衣35 | B 帛書丙 |

第三章　結論

　　研究出土文獻，牽涉文字、音韻、訓詁、語法、校勘、歷史、文化等不同領域，加之所研究的問題年代久遠，傳世文獻無徵，工作之繁難，可想而知。本書文章之撰作，誠為不易，最後總算取得了若干成果。今綜合研究所得，歸納出下列數點，以作為本書的結論：

（一）辨析字形

　　清儒朱駿聲云：「讀書貴先識字，識字然後能通經。」[1]上博楚竹書用戰國楚文字寫成，簡中有不少字似不見於《說文》等字書。要考定其為何字，須必先辨析字形。

　　例如《從政》甲篇第三簡之「𢌲」，整理者懷疑是「遂」之別體[2]。但望山楚簡及郭店楚簡的「遂」字，分別作「𨔟」（M1‧150）及「𨕆」（郭‧語一‧42），其上部右旁的寫法明顯與「𢌲」不類，故應從陳偉及徐在國兩位先生的說法，改釋為「逐」。

　　又如同篇第八簡「𢌲則遊（失）眾」之「𢌲」，整理者闕而

---

①朱駿聲〈進呈《說文通訓定聲》呈〉，見丁福保編《說文解字詁林》，頁 43a。
②參馬承源編《上海博物館藏戰國楚竹書（二）》，頁 217。

不釋③，這固然是慎重的做法。但此句屬於「七機」之一④，關係到從政者不當措施之具體考釋，難免引起學者的重視。周鳳五先生認為「此字右旁從舟聲」⑤，何琳儀先生認為「此字右旁為『西』字無疑」⑥，黃錫全先生認為「此字就是『洃』字」⑦，聚訟紛紜，莫衷一是。事實上，稍後出版的《上博（五）·季庚子問於孔子》篇有相同文例，簡文作「🖿」（簡十），其「🖿」旁字形與《上博（三）·周易》簡五十七的「🖿」基本相同，屬於楚簡「西」字的典型寫法，可釋為「西」。那麼，與之對應的「🖿」字，其右旁無疑為「西」之異寫。這樣，何琳儀先生「其實此字右旁為『西』字無疑」的說法，便得到了有力的證明。

上述兩個例子，都是針對《上海博物館藏戰國楚竹書（二）》的誤釋或闕釋，廣采眾說，加以補正。

此外，也有原來的隸定不誤，而其他研究者的說法有誤：

如《民之父母》第十一簡之「🖿」，《上海博物館藏戰國

---

③張光裕先生云：「『🖿』字，从水，其右旁有異於『西』，釋暫闕。」（同上，頁 222。）

④周鳳五先生云：「簡文『七機』指由政治權力所衍生的七種不當措施及其所招致的不良後果。」（〈讀上博楚竹書《從政》甲篇札記〉，朱淵清、廖名春編《上博館藏戰國楚竹書研究續編》，頁 184-185。）

⑤同上，頁 185。

⑥見何琳儀〈滬簡二冊選釋〉，簡帛研究網（03/01/14），http：//www.jianbo.org/Wssf 2003/ helinyi01.htm。

⑦見黃錫全〈讀上博楚簡（二）劄記八則〉，朱淵清、廖名春編《上博館藏戰國楚竹書研究續編》，頁 460。

楚竹書（二）》隸定為「述」，黃德寬先生改釋為「遂」⑧。但「遂」字楚簡作「邎」（《緇衣》簡三八）⑨、「邎」（《紂衣》簡十九）⑩等形，其右部所從，雖與「邎」字右部相似，但筆勢不同。反觀「求」字簡文作「邎」（《容成氏》簡十）⑪，無論字形或筆勢，均與簡文右部接近，《上海博物館藏戰國楚竹書（二）》隸定為「述」，是正確的。

又《容成氏》第十一簡之「邎」，整理者隸定為「芑」，而劉釗先生認為：「此字與鄂君啟節的『芸』字寫法相同，也應該以釋為『芸』字為是。」⑫其實，劉氏所說的「芸」字，字形作「邎」⑬，過去學者均釋為「芑」。是否應該改釋為「芸」？本身已是一個問題。而楚簡中「云」字的寫法，頂部均以「填實的型態出現」⑭，顯然與「邎」字下半頂部有別。反觀「巳」旁，如楚銅器郟陵君王子申豆銘中所見「邎」⑮字偏旁，寫法便與鄂君啟節「邎」字下旁無異。因此，釋「邎」為「芑」，比釋「邎」為

---

⑧見黃德寬〈《戰國楚竹書（二）》釋文補正〉，《學術界》總第 98 期，2003 年 1 月，頁 80。
⑨錄自張光裕編《郭店楚簡研究·第一卷文字篇》，頁 387。
⑩錄自馬承源主編《上海博物館藏戰國楚竹書（一）》，頁 63。
⑪同注 2，頁 102。
⑫見劉釗《出土簡帛文字叢考》，頁 110-111。
⑬錄自鄂君啟舟節銘摹本，見馬承源主編《商周青銅器銘文選四》，頁 432。
⑭見高佑仁〈談《唐虞之道》與《曹沫之陣》的「沒」字〉，簡帛網，http:// www.bsm.org.cn/show_article.php?id=145，2005。
⑮錄自中國社會科學院考古研究所編《殷周金文集成釋文》第三卷，頁 606。

「芸」，更為合理。

　　以上是本書辨析字形方面的成績。

（二）考求本字

　　朱駿聲在《說文通訓定聲・自敘》中指出：「不知假借者，
不可與讀古書。」⑯朱氏所謂「假借」，是指「同音通用」的通
假字。通假字的運用，在出土文獻中非常普遍。張顯成《簡帛文
獻學通論》云：

　　　　簡帛文獻在文字形式上有一個顯著特點，那就是這批文
　　獻中有大量的特殊用字，如通假字、俗字、古今字、異體
　　字、訛誤字等，其中又尤以通假字為多。⑰

故明辨通假，考求本字，是出土文獻研究的重要一環。本書文章
在這方面，提出了不少新說，例如：
　　《民之父母》第八簡引《詩》「迺（夙）夜晉（基）命又
（宥）𠱾（密）」⑱，部分學者沿用毛《傳》的解釋，訓「密」為

⑯同注 1，頁 44b。
⑰見《簡帛文獻學通論》，北京：中華書局，2004，頁 289。
⑱同注 2，頁 24 及 166。

「寧」[19]，但也有學者接受于省吾的新說，認為「『密』應讀作『勉』」，謂「早夜有勉於其命」[20]。筆者則認為，「勉命」之說，《詩》、《書》無徵[21]。簡文「𣍦」字，當釋為「宓」，讀為「服」。考陸德明《經典釋文》云：「（宓）音密，又音服。」[22]是「宓」古有「服」音。「服」，解為「服行」。「夙夜基命有服」，猶言日夜服行上天之基命。這樣解釋，較毛《傳》逐字坼解[23]，顯然合理得多。

另《民之父母》第十一簡「日述月相」[24]，整理者根據《詩經》及《禮記》之異文，讀「述」為「就」，解為「聚」，意謂「日聚月扶」[25]。但「日聚」究竟是甚麼意思？《上海博物館藏戰國楚竹書（二）》之考釋沒有明確交代。從字面上看，「日聚」與「月扶」的關係也不密切。可見整理者的解釋並不理想。筆者認為「述」當讀為「求」。蓋「述」從「求」得聲，古可通用。《爾雅·釋詁下》云：「求，終也。」[26]「日求」，猶言「日終」。而「月相」之「相」，當依傳世本讀為「將」。

---

[19] 見阮刻《十三經注疏》，頁 587。
[20] 見于省吾《雙劍誃群經新證》，頁 188。
[21] 關於《詩》、《書》中「天命」的各種說法，可參考姜昆武《詩書成詞考釋》卷 1「天命」條，頁 49-68。
[22] 語見《經典釋文·禮記音義·月令第六》，頁 175。
[23] 毛《傳》云：「基，始；命，信；宥，寬；密，寧也。」（同注 19。）
[24] 同注 2，頁 171。
[25] 同注 2，頁 171-172。
[26] 同注 19，頁 2577。

「將」，《廣雅・釋詁一》云：「行也」[27]。「日求月將」，即日終月行。如此解釋，便能夠把「日求」與「月將」聯繫起來，從而表達出晝夜不舍的涵義。

類似的例子甚多，如《從政》甲篇第三簡：「豊（禮）則募（寡）而為怎（仁）[28]，「寡」讀為「格」；第八簡：「獄則與」[29]，「與」讀為「舉」；同簡「悟則亡新」[30]，「悟」讀為「迫」；《從政》乙篇第一簡：「則自异（忌）司（始）」[31]，「自」讀為「皋」，「异」讀為「己」（紀）；《容成氏》第三十六簡：「弜（強）溺（弱）不絢惕，眾募（寡）不聖訟」[32]，「絢惕」讀為「辭讓」，「聖訟」讀為「聽容」，皆其例。

（三）釐清語法

著名訓詁學家蔣禮鴻先生（1916-1995）在討論訓詁方法的時候，曾精闢地指出，要「在一定的語言環境中探索詞的確義」[33]。何謂「語言環境」？蔣氏說：

[27]見王念孫《廣雅疏證》，頁 15。
[28]同注 2，頁 217。
[29]同注 2，頁 222。
[30]同注 2。
[31]同注 2，頁 233。
[32]同注 2，頁 278。
[33]見《蔣禮鴻語言文字學論叢》，杭州：浙江古籍出版社，1994，頁 31。

所謂語言環境大致有這一些：連文、對文、偶儷、上下文、整部書的用詞、語法結構；也可以並應該推而及於斷代的與歷史的語言中的用詞與語法。[34]

蔣氏所說的「語言環境」，範圍極廣。他在最後兩句話中，特別提到「用詞」及「語法結構」兩項，很值得我們注意。事實上，本論文在審察語境、疏釋文義的過程中，也同時解決了一些詞彙及語法的問題。如《民之父母》第八簡之「基命」，何琳儀先生根據《禮記・孔子閒居》的異文，認為當作「其命」，將原來屬於實詞的「畜（基）」，讀為虛詞的「其」。然而《尚書・洛誥》云：「王如弗敢及天基命定命」[35]，「基命」與「定命」，都是雙音節詞。何氏讀「基」為「其」，不僅忽略了「基命」一詞的歷史性，也改變了它原來的語法結構，這無疑是錯誤的。

此外，《從政》乙篇第一簡「穿（壅）戒先邍（匿）」[36]，整理者說：「蓋言戒備之心若失，則已先啟微亡之徵」[37]，將原來四字的短語，分成兩句，頗有增字解經之嫌。楊朝明先生別出新說，認為：「簡文的『壅戒』應該是『壅蔽之警戒』，而不是『警戒受壅蔽』，它不是一個動賓詞組。「壅戒先匿」……

---

[34]同上。
[35]同注 19，頁 214。
[36]同注 2，頁 233。
[37]同注 2，頁 234。

179

意思是被壅蔽的危險就沒有了。」③⑧然而解「匿」為「消除」，「戒」為「危險」，俱不見於古訓。而將所謂「被壅蔽的危險就沒有了」置於句首，也不合古人的語言習慣。筆者認為「壅」可解為「防」③⑨；而「戒」，也有「防患」之義④⑩。「壅」、「戒」連言，並非出於偶然，而是一種同義連文的關係。所以「壅戒」既非「壅蔽之警戒」，也不是「警戒受壅蔽」，而是「防備」或「防戒」的意思，二字並為動詞。至於下文「先匿」，則為賓語。「壅戒先匿」，猶言防備陰姦之始萌。

（四）鉤沉古義

由於年代久遠，一些在先秦時期可能被視為常識的觀念，今人已難盡理解。古哲之玄思，聖人之微言，往往湮沒失傳。《漢書·藝文志》云：「昔仲尼沒而微言絕，七十子喪而大義乖」④①，客觀地道出了這個情況。出土文獻的發現與整理，讓我們重新認識過去，紹述前人的餘緒，無疑意義重大。

---

③⑧見楊朝明〈《從政》篇釋義三則〉，簡帛研究網（03/05/04），http：//www.jianbo.org/Wssf/2003/yangchaoming02.htm。
③⑨《國語·晉語一》「胡可壅也」，韋昭注云：「壅，防也。」見徐元誥《國語集解》，頁249。
④⑩《玉篇·收部》云：「戒，防患也。」見《小學名著六種》，頁27。
④①見《漢書》，北京：中華書局，1962，頁1701。

後世學者倡言「道統」，以堯、舜、禹、湯、文、武、周公為聖人，一脈相傳，卻往往忽略了與周公同時的成王。通過對《民之父母》第八簡「夙夜基命有密（服）」的考釋，我們指出，「基命」指天命之基始階段，雖以「文王受命」為起點，卻不必以文王駕崩為終點，必須待成王「肇稱殷禮，祀于新邑」[42]，周的王業才算完成。《呂氏春秋・慎大覽・下賢》篇云：「文王造之而未遂，武王遂之而未成，周公旦抱少主而成之，故曰成王。」[43]本論文第一篇的考證，正是承接王國維《洛誥解》的觀點，加以補正，找出「基命」一詞的歷史涵義，從而恢復成王在周代歷史中應有的地位。

其次，《禮記・孔子閒居》云：「無體之禮，日就月將。」[44]對於前句，整理者云：

> 無體之禮，則達到了禮的最高境界，達到了自然的本原態，儒家所謂「神無方，易無體」，能同乎天地，能應變而變，自然無定體可言。又如「大樂希音」、「至誠簡體」，也是出於同一思想。[45]

---

[42]語見《洛誥》。（同注19，頁214。）楊寬先生云：「『殷禮』是內外群臣大會合朝見君王之禮。……這種慶功的殷見禮，主要是慶祝成周大邑的建成，實質上就是慶祝周朝一統大業的成功。」（《西周史》，頁167-168。）

[43]見《二十二子》，頁677。

[44]同注19，頁1617。

[45]同注2，頁162。

這說法無疑過於抽象，不著邊際。根據漢人的記載，孔子自己曾清楚地說：「無體之禮，敬也。」⑯那麼，「日就月將」的涵義，應該與「敬」義密切相關。可惜前人對於此句的解釋，均未如理想。（詳〈本論〉第二篇，頁48-49。）考簡文此句作「日述（求）月相（將）」。筆者認為，往昔注家將「日」、「月」理解為時序概念，是錯誤的。簡文「日述（求）月相（將）」中的「日」、「月」，指的應該是天文學上的「日」、「月」。「日求」之「求」，當訓為「終」；而「月將」之「將」，則訓為「行」。「日求月將」，即日月循環遞炤、運行不已的意思。這與「敬」之「須臾不舍」的精神，涵義一致。本篇考證，不僅疏釋了簡文，連帶地將《詩經》及《禮記》的相關文句，也考證清楚，駁正了前人之誤說，闡發了儒家「敬」這一信念與天道的深微關係。

此外，儒家思想，本有「內聖」與「外王」兩個方面。竹書《從政》甲、乙篇，對「外王」之學，多有闡述，可以補傳世文獻之不足。整理者認為它「對研究先秦儒家諸德目之學說尤為重要」⑰，誠非虛語。惟其中關於「七機」的部分，文辭簡括，學者有「頗難索解」之歎⑱。論文〈本論〉部分第五至第八章，對

---

⑯語出《說苑·修文》篇。（見《百子全書》，頁 216。）

⑰同注 2，頁 213。

⑱見陳劍〈上博簡《子羔》、《從政》篇的拼合與編連問題小議〉，簡帛研究網（03/01/08），http://www.bamboosilk.org/Wssf/2003/chenjian01.htm。

「七機」的其中四項進行深入研究。第五篇「獄則興（釁）」指出，從政者如果大興刑獄，會引致其與臣下、百姓之間萌生嫌隙。第六篇「悁（威）則民不道」，說明為政以威，人民將不遵循其統治。第七篇「洒（峻）則遯（失）眾」，勸戒在上位者不可為政嚴峻，否則政險失民，眾叛親離。第八篇「悟（迫）則亡新（親）」，則陳述施政急迫的禍害，令人民不願意親附。考《禮記·檀弓下》篇云：

　　　　夫子曰：「小子識之，苛政猛於虎也。」⑭

又《緇衣》篇云：

　　　　子曰：「夫民教之以德，齊之以禮，則民有格心。教之以政，齊之以刑，則民有遯心。……」⑮

上述《從政》篇的四項施政建議，與孔子反對「苛政」、「重刑」的政治思想，精神宗趣可謂如出一轍，可視為研究戰國時代儒家政治思想的重要材料。

　　最後，透過對《從政》乙篇「穿（壅）戒先遷（匿），則自（皋）异（紀）司（治）」的研究，我們還可窺見儒家防微杜漸

---

⑭同注 19，頁 1313。
⑮同注 19，頁 1647。

的政治思想。簡文認為：在隱姦開始時有所防備，則罪惡可以得
到整治。這種思想，可能源出《周易》，考《坤・初六・象傳》
云：

> 履霜堅冰，陰始凝也。馴致其道，至堅冰也。[51]

孔穎達疏云：

> 所以防漸慮微，慎終于始也。[52]

孔氏主張「防漸慮微」，但其具體對象為何，卻沒有明言。反而
《易傳》的作者，早已對此有頗詳盡的發揮，《文言》云：

> 積善之家，必有餘慶；積不善之家，必有餘殃。臣弒其
> 君，子弒其父，非一朝一夕之故，其所由來者漸矣，由辯之
> 不早辯也。《易》曰：「履霜，堅冰至。」蓋言順（基案：
> 順，通慎，詳注。）也。[53]

---

[51] 同注 19，頁 18。
[52] 同注 19，頁 18。
[53] 同注 19，頁 19。　　案：朱熹《周易本義》云：「古字順、慎通用。
按此，當作慎，言當辨之於微也。」（引自錢澄之（1612-1693）《田
間易學》，合肥：黃山書社，1998，頁 216。）

《文言傳》的作者以「臣弒其君，子弒其父」作為禍患的例子，可見戰國秦漢之際，學者已漸漸將《周易》的哲理，運用到政治層面。而弒君弒父的姦臣逆子，其不軌意圖，正是簡文中所說的「匿」。《玉篇·匸部》云：「匿，陰姦也。」[54]然而《文言傳》的作者，對於防範姦匿，只提出一個「順（慎）」字，並未提供任何具體方案。反觀《從政》篇的作者，則明確地主張「紀治」（基案：「紀治」，猶言討治、整治）。這種分別，可能是出於作品性質的不同，也可能是由於學派之間的差異，尚待進一步的研究。

以上各點，大致總結了筆者研究《上海博物館藏戰國楚竹書（二）》的一點成果。本書文章的撰作方向，以文獻考證為主導，結合文字、音韻、詞彙、語法和校勘五個方面的知識，綜合運用，而以闡述文化、探求義理作為歸宿。〈本論〉部分的十一章，基本上都體現了這種思想。

---

[54]同注 40，頁 107。

主要參考資料

一、中文參考書目（書名漢語拼音序）

B

白虎通　班固撰。《景印文淵閣四庫全書》冊850，台灣：商務印書館，1986。

白虎通疏證　陳立撰。《諸子集成·補編》冊2，成都：四川人民出版社，1997。

百子全書　湖北崇文書局輯刊。杭州：浙江古籍出版社影印民國8年（1919）上海掃葉山房本，1998。

包山楚簡　湖北省荊沙鐵路考古隊編。北京：文物出版社，1991。

包山楚簡解詁　劉信芳撰。台北：藝文印書館，2003。

包山楚簡文字編　張守中編。北京：文物出版社，1996。

帛書老子校釋　戴維撰。長沙：岳麓書社，1998。

帛書老子校注　高明撰。北京：中華書局，1996。

帛書老子校注析　黃釗撰。台北：學生書局，1991。

帛書老子注譯與研究　許抗生撰。杭州：浙江人民出版社，1985。

帛書五行篇研究　龐樸撰。山東：齊魯書社，1980。

C

長沙楚帛書文字編　曾憲通撰。北京：中華書局，1993。

出土簡帛叢考　廖名春撰。武漢：湖北教育出版社，2004。

出土簡帛文字叢考　劉釗撰。台北：台灣古籍出版有限公司，
　　2004。

出土文獻探賾　楊昶、陳蔚松等撰。武漢：崇文書局，2005。

出土文獻研究（第六輯）　中國文物研究所編。上海：上海古籍
　　出版社，2004。

出土戰國文獻語法研究　周守晉撰。北京：北京大學出版社，
　　2005。

初學記　徐堅輯。北京：京華出版社，2000。

楚辭補注　洪興祖撰。北京：中華書局，1983。

楚辭集解　汪瑗撰。北京：北京古籍出版社，1994。

楚辭通故　姜亮夫撰。昆明：雲南人民出版社，1999。

楚簡老子柬釋　魏啟鵬撰。台北：萬卷樓圖書有限公司，1999。

楚系簡帛文字編　滕壬生編。漢口：湖北教育出版社，1995。

楚系青銅器研究　劉彬徽撰。漢口：湖北教育出版社，1995。

楚文字編　李守奎編。上海：華東師範大學出版社，2003。

春秋史　顧德融、朱順龍撰。上海：上海人民出版社，2003。

春秋外傳國語平議　俞樾撰。王先謙編《皇清經解續編》，台
　　北：藝文印書館，1965。

春秋左氏傳舊注疏證　劉文淇撰。香港：太平書局，1966。

春秋左傳詁　洪亮吉撰。北京：中華書局，1987。

辭通　朱起鳳撰。上海：上海古籍出版社，1982。

D

讀書雜志　王念孫撰。南京：江蘇古籍出版社影印王氏家刻本，
　　1985。

E

二十二子　浙江書局輯刊。上海：上海古籍出版社影印浙江書局
　　本，1986。

二十世紀古文獻新證研究　馮勝君撰。濟南：齊魯書社，2006。

二十世紀簡帛學研究　沈頌金撰。北京：學苑出版社，2003。

二十世紀金文研究述要　趙誠撰。太原：書海出版社，2003。

爾雅義疏　郝懿行撰。北京：北京市中國書店影印咸豐6年
　　（1856）刻本，1982。

爾雅正義　邵晉涵撰。阮元編《皇清經解》第8冊，台北：復興
　　書局，1961。

F

方言箋疏　錢繹撰。上海：上海古籍出版社影印清光緒16年
　　（1890）紅蝠山房本，1984。

方言校箋　周祖謨校箋。北京：中華書局，1993。

方言疏證　戴震撰。《小學名著六種》，北京：中華書局影印
　　《四部備要》本，1998。

方言音證　董俊彥撰。台北：文津出版社，1975。

G

古代漢語論文集　徐德庵撰。成都：巴蜀書社，1991。

古代思想文化的世界　陳來撰。北京：三聯書店，2002。

古代文史研究新探　裘錫圭撰。南京：江蘇古籍出版社，1992。

古代宗教與倫理：儒家思想的根源　陳來撰。北京：三聯書店，
　　1996。

古典新義　聞一多撰。《聞一多全集選刊之二》，北京：古籍出
　　版社，1956。

古籍異文研究　王彥坤撰。廣州：廣東高等教育出版社，1993。

古史新證——王國維最後的講義　北京：清華大學出版社，
　　1994。

古史續辨　劉起釪撰。北京：中國社會科學出版社，1991。

古書疑義舉例五種　俞樾等撰。北京：中華書局，1956。

古陶文彙編　高明編。北京：中華書局，1990。

古陶文字徵　高明編。北京：中華書局，1991。

古陶字彙　徐谷甫、王延林編。上海：上海書店，1994。

古文字詁林（1-12）　古文字詁林編纂委員會編纂。上海：上海
　　教育出版社，1999-2004。

古文字論集　張桂光撰。北京：中華書局，2004。

古文字通假釋例　王輝撰。台北：藝文印書館，1993。

古文字與出土文獻叢考　曾憲通撰。廣州：中山大學出版社，
　　2005。

古文字與漢語史論集　曾憲通編。廣州：中山大學出版社，
　　2002。

古文字與商周史新證　王暉撰。北京：中華書局，2003。

古璽彙編　羅福頤主編。北京：文物出版社，1981。

古音說略　陸志韋撰。台北：學生書局，1971。

古音學發微　陳新雄撰。台北：文史哲出版社，1975。

古字通假會典　高亨纂著，董治安整理。濟南：齊魯書社，
　　1989。

故訓匯纂　宗福邦、陳世鐃、蕭海波主編。北京：商務印書館，
　　2003。

觀堂集林　王國維撰。香港：中華書局，1973。

管子　房玄齡注。上海涵芬樓影宋本，《四部叢刊初編》，上

海：商務印書館，1926。

管子校釋　顏昌嶢撰。長沙：岳麓書社，1996。

管子校正　戴望撰。《諸子集成》冊5，北京：中華書局，1954。

管子思想研究　徐漢昌撰。台北：學生書局，1990。

廣雅詁林　徐復主編。南京：江蘇古籍出版社，1998。

廣雅疏證　王念孫撰。北京：中華書局影印清嘉慶年間（1796-
　　1820）王氏家刻本，1983。另《高郵王氏四種之一》，南
　　京：江蘇古籍出版社，2000。

廣韻　陳彭年等編撰。《小學名著六種》，北京：中華書局，
　　1998。

郭店楚簡校讀記　李零撰。北京：北京大學出版社，2002。

郭店楚簡老子校讀　彭浩撰。武漢：湖北人民出版社，2000。

郭店楚簡儒家佚籍四種釋析　丁原植撰。台北：台灣古籍出版有
　　限公司，2000。

郭店楚簡文字編　張守中、孫小滄、郝建文撰集。北京：文物出
　　版社，2000。

郭店楚簡研究：第一卷文字篇　張光裕主編，袁國華合編。台
　　北：藝文印書館，1999。

郭店楚墓竹簡　荊門市博物館編。北京：文物出版社，1998。

郭店楚墓竹簡老子校讀　侯才撰。大連：大連出版社，1999。

郭店楚墓竹簡思想研究　丁四新撰。北京：東方出版社，2000。

郭店竹簡老子釋析與研究　丁原植撰。台北：萬卷樓圖書有限公

司，1999。

郭店竹簡與先秦學術思想　郭沂撰。上海：上海教育出版社，
　　2001。

郭店竹書別釋　陳偉撰。武漢：湖北教育出版社，2003。

國風集說　張樹波編。石家莊市：河北人民出版社，1993。

國故論衡　章炳麟撰。《章氏叢書》，台北：世界書局，1958。

國語集解　徐元誥撰。北京：中華書局，2002。

國語正義　董增齡撰。成都：巴蜀書社，1985。

H

韓非子集解　王先慎撰。《諸子集成》冊5，北京：中華書局，
　　1954。

韓非子集釋　陳奇猷撰。上海：上海人民出版社，1974。

韓非子校注　《韓非子》校注組。南京：江蘇人民出版社，
　　1982。

韓詩外傳集釋　許維遹撰。北京：中華書局，1980。

韓詩外傳箋疏　屈守元撰。成都：巴蜀書社，1996。

汗簡注釋　黃錫全撰。武漢：武漢大學出版社，1990。

漢書　班固撰。北京：中華書局，1962。另《前四史》，天津：
　　天津市古籍書店影印世界書局鉛字本，1991。

漢書補注　王先謙撰。北京：中華書局影印清光緒26年（1900）

　　虛受堂刊本，1983。

漢書藝文志講疏　顧實撰。上海：上海古籍出版社，1987。

漢魏叢書　程榮纂輯。長春：吉林大學出版社，1992。

漢語詞族叢考　張希峰撰。成都：巴蜀書社，1999。

漢語詞族續考　張希峰撰。成都：巴蜀書社，2000。

漢語音韻學　王力撰。香港：中華書局，1972。

漢哲學思維的文化探源　〔美〕郝大維（David L. Hall）、安樂哲
　　（Roger T. Ames）撰，施忠連譯，南京：江蘇人民出版社，
　　1999。

漢字古音手冊　郭錫良撰。北京：北京大學出版社，1986。

漢字文化解讀　何金松撰。武漢：湖北人民出版社，2004。

漢字研究（第一輯）　中國文字學會、河北大學漢字研究中心
　　編。北京：學苑出版社，2005。

漢字源流字典　谷衍奎編。北京：華夏出版社，2003。

後漢書　范曄撰。北京：中華書局，1965。另《前四史》，天
　　津：天津市古籍書店影印世界書局鉛字本，1991。

淮南子　台北：藝文印書館，1974。

淮南鴻烈集解　劉文典撰。北京：中華書局，1989。

淮南舊注參正　馬宗霍撰。濟南：齊魯書社，1984。

淮南子集釋　何寧撰。北京：中華書局，1998。

淮南子證聞　楊樹達撰。《楊樹達文集之十》，上海：上海古籍
　　出版社，1985。

黃帝四經與黃老思想　余明光撰。哈爾濱：黑龍江人民出版社，1989。

皇清經解　阮元輯。台北：復興書局，1961。

皇清經解續編　王先謙輯。台北：藝文印書館，1965。

J

集韻　丁度等編撰。《小學名著六種》，北京：中華書局影印《四部備要》本，1998。

積微居小學金石論叢／卜辭求義　楊樹達撰。《積微居叢書》之二，台北：大通書局，1971。

積微居金文說（增訂本）　楊樹達撰。北京：中華書局，1997。

積微居小學述林　楊樹達撰。《積微居叢書》之三，台北：大通書局，1971。

甲骨文編　中國科學院考古研究所編。北京：中華書局，1965。

甲骨文字典　徐中舒主編。成都：四川辭書出版社，2003。

甲骨文字詁林　于省吾撰。北京：中華書局，1996。

甲骨文字集釋　李孝定編述。台北：中央研究院歷史語言研究所，1991。

甲骨文字釋林　于省吾撰。北京：中華書局，1979。

賈誼集匯校集解　方向東撰。南京：河海大學出版社，2000。

家語等五十七種　楊家駱主編。台北：世界書局，1962。

簡帛（第一輯） 武漢大學簡帛研究中心編。上海：上海古籍出版社，2006。

簡帛典籍異文研究 吳辛丑撰。廣州：中山大學出版社，2002。

簡帛古書與學術源流 李零撰。北京：三聯書店，2004。

簡帛文獻學通論 張顯成。北京：中華書局，2004。

簡帛文獻與古代法文化 崔永東撰。武漢：湖北教育出版社，2003。

簡帛研究（二〇〇一） 李學勤、謝桂華主編。桂林：廣西師範大學出版社，2001。

簡帛研究（二〇〇二、二〇〇三） 李學勤、謝桂華主編。桂林：廣西師範大學出版社，2005。

簡帛研究（第三輯） 李學勤、謝桂華主編。南寧：廣西教育出版社，1998。

簡帛佚籍與學術史 李學勤撰。南昌：江西教育出版社，2001。

簡帛語言文字研究（第一輯） 張顯成主編。成都：巴蜀書社，2002。

蔣禮鴻語言文字學論叢 蔣禮鴻撰。杭州：浙江古籍出版社，1994。

今文尚書考證 皮錫瑞撰。北京：中華書局，1989。

金石簡帛詩經研究 于茀撰。北京：北京大學出版社，2004。

金文編 容庚編。北京：中華書局，1985。

金文編校補 董蓮池撰。長春：東北師範大學出版社，1995。

金文古音考　　侯志義撰。西安：西北大學出版社，2000。

金文詁林　　周法高編。香港：香港中文大學出版社，1975。

金文詁林補　　周法高編。台北：中央研究院歷史語言研究所，1982。

金文詁林讀後記　　李孝定撰。台北：中央研究院歷史語言研究所，1982。

金文簡帛中的刑法思想　　崔永東撰。北京：清華大學出版社，2000。

金文通釋選譯　　（日）白川靜通釋，曹兆蘭選譯。武昌：武漢大學出版社，2000。

金文形義通解　　張世超、孫凌安、金國泰、馬如森撰。京都市：中文出版社，1996。

金文續編　　容庚撰。上海：上海書店出版社，2000。

經典釋文　　陸德明撰。北京：中華書局，1983。

經典釋文彙校　　黃焯撰。北京：中華書局，1980。

經籍籑詁　　阮元編。北京：中華書局影印阮氏琅嬛仙館原刻本，1982。

經訓比義　　黃以周撰。《中國哲學範疇叢刊》，北京：北京圖書館出版社，1997。

經義述聞　　王引之撰。《皇清經解諸經總義類彙編》，台北：藝文印書館，1982。

經傳釋詞　　王引之撰。香港：太平書局，1966。

荊門郭店楚簡老子研究　崔仁義撰。北京：科學出版社，1998。

荊門郭店竹簡老子解詁　劉信芳撰。台北：藝文印書館，1999。

九店楚簡　湖北省文物考古研究所、北京大學中文系編。北京：
　　中華書局，2000。

K

孔子集語校補　孫星衍輯，郭沂校補。濟南：齊魯書社，1998。

孔子家語　王肅注。上海涵芬樓影明翻宋本，《四部叢刊初
　　編》，上海：商務印書館，1926。

匡謬正俗平議　顏師古撰，劉曉東平議。濟南：山東大學出版
　　社，1999。

L

藍田呂氏遺著輯校　陳俊民輯。北京：中華書局，1993。

浪口村隨筆　顧頡剛撰。瀋陽：遼寧教育出版社，1998。

老子‧四部要籍注疏叢刊　北京：中華書局，1998。

老子帛書校注　徐志鈞撰。上海：學林出版社，2002。

老子道德經河上公章句　河上公撰，王卡點校。北京：中華書
　　局，1997。

老子道德經注　王弼撰。《王弼集校釋》，北京：中華書局，

1980。

老子古義　楊樹達撰。《楊樹達文集》之十三，上海：上海古籍
　　出版社，1991。

老子集解　奚侗撰。《老子註三種》，合肥：黃山書社，1994。

老子校詁　蔣錫昌撰。上海：商務印書館，1937。

老子校釋　朱謙之撰。北京：中華書局，1984。

老子疏證　張舜徽撰。《周秦道論發微》，北京：中華書局，
　　1982。

老子指歸　嚴遵撰，王德有點校。北京：中華書局，1994。

李學勤集　李學勤撰。哈爾濱：黑龍江教育出版社，1989。

禮記集說　陳澔撰。上海：上海古籍出版社，1987。

禮記通解　郝敬撰。《續修四庫全書》冊97，上海：上海古籍出
　　版社，1995。

兩周金文通假字研究　全廣鎮撰。台北：學生書局，1989。

列子補正　王叔岷撰。台北：中央研究院歷史語言研究所，
　　1948。

六臣註文選　李善等註。上海：上海古籍出版社影印《四庫全
　　書》本，1993。

陸志韋語言學著作集（一）　陸志韋撰。北京：中華書局，
　　1985。

論衡　王充撰。程榮輯《漢魏叢書》，長春：吉林大學出版社，
　　1992。

論語讀訓　程石泉撰。上海：上海古籍出版社，2005。

論語會箋　徐英撰。台北：正中書局，1948。

論語集釋　程樹德撰。北京：中華書局，1990。

論語解注合編　姚永樸撰。合肥市：黃山書社，1994。

論語說解　幺峻洲撰。濟南：齊魯書社，2006。

呂氏春秋校釋　陳奇猷校釋。上海：學林出版社，1984。

呂氏家塾讀詩記　呂祖謙撰。《日本宮內廳書陵部藏宋元版漢籍影印叢書》第1輯，北京：線裝書局，2001。

倫敦所藏敦煌老子寫本殘卷研究　程南洲撰。台北：文津出版社，1985。

M

馬王堆漢墓帛書（壹）　馬王堆漢墓帛書整理小組編。北京：文物出版社，1974。

馬王堆漢墓帛書：經法　馬王堆漢墓帛書整理小組編。北京：文物出版社，1976。

馬王堆漢墓醫書校釋（一）　魏啟鵬、胡翔驊撰。成都：成都出版社，1992。

馬王堆漢墓醫書校釋（二）　魏啟鵬、胡翔驊撰。成都：成都出版社，1992。

馬王堆簡帛文字編　陳松長編。北京：文物出版社，2001。

毛詩後箋　胡承珙撰，郭全芝校點。合肥：黃山書社，1999。

毛詩會箋　〔日〕竹添光鴻撰。台北：大通書局，1975。

毛詩傳箋通釋　馬瑞辰撰。北京：中華書局，1989。

毛鄭詩考正　戴震撰。《戴震全書》冊1，合肥：黃山書社，1994。

民族與古代中國史　傅斯年撰。石家莊：河北教育出版社，2002。

墨子校注　吳毓江撰。重慶：西南師範大學出版社，1992。

N

南華真經注疏　郭象注，成玄英疏，曹礎基、黃蘭發點校。北京：中華書局，1998。

P

篇海類編　宋濂編，屠隆訂正。日本寬文9年(1669)刊本。

R

饒宗頤二十世紀學術文集　饒宗頤撰。台北：新文豐出版股份有限公司，2003。

日知錄集釋　顧炎武撰，黃汝成集釋。石家莊市：花山文藝出版社，1990。

S

三代紀事本末　黃中業編。瀋陽：遼寧人民出版社，1999。

上博楚簡校讀記　李零撰。台北：萬卷樓圖書有限公司，2002。

上博楚簡容成氏注譯考證　邱德修撰。台北：台灣古籍出版有限公司，2003。

上博館藏戰國楚竹書研究　上海大學古代文明研究中心、清華大學思想文化研究所編。上海：上海書店出版社，2002。

上博館藏戰國楚竹書研究續編　朱淵清、廖名春編。上海：上海書店出版社，2004。

上海博物館藏戰國楚竹書（一）　馬承源編。上海：上海古籍出版社，2001。

上海博物館藏戰國楚竹書（二）　馬承源編。上海：上海古籍出版社，2002。

上海博物館藏戰國楚竹書（三）　馬承源編。上海：上海古籍出版社，2004。

上海博物館藏戰國楚竹書（四）　馬承源編。上海：上海古籍出版社，2004。

上海博物館藏戰國楚竹書（五）　馬承源編。上海：上海古籍出

版社，2005。

上海博物館藏戰國楚竹書（一）讀本　季旭昇編。台北：萬卷樓
圖書股份有限公司，2004。

上海博物館藏戰國楚竹書（二）讀本　季旭昇編。台北：萬卷樓
圖書股份有限公司，2003。

尚書大傳　伏勝撰。《叢書集成初編》，北京：中華書局，
1985。

尚書集釋　屈萬里撰。台北：聯經出版事業公司，1983。

尚書集注音疏　江聲撰。《皇清經解》，台北：復興書句，
1972。

尚書今古文集解　劉逢祿撰。《續經解尚書類彙編》，台北：藝
文印書館，1986

尚書今古文注疏　孫星衍撰。北京：中華書局，1986。

尚書校釋譯論　顧頡剛、劉起釪撰。北京：中華書局，2005。

尚書文字合編　顧頡剛、顧廷龍輯。上海：上海古籍出版社，
1996。

尚書文字校詁　臧克和撰。上海：上海教育出版社，1999。

尚書詳解　夏僎撰。《叢書集成》初編，上海：商務印書館，
1936。

尚書語法研究　張文國撰。成都：巴蜀書社，2000。

尚書正讀　曾運乾撰。北京：中華書局，1964。

商君書解詁定本　朱師轍撰。香港：中華書局，1974。

商周古文字讀本　劉翔、陳抗、陳初生、董琨編著。北京：語文出版社，1989。

商周青銅器銘文選四　馬承源主編。北京：文物出版社，1990。

商周青銅器通論　容庚、張維持撰。北京：文物出版社，1984。

商周文化比較研究　王暉撰。北京：人民出版社，2000。

聲韻語源字典　齊沖天撰。重慶：重慶出版社，1997。

史記　司馬遷撰。《前四史》，天津：天津市古籍書店影印世界書局鉛字本，1991。

史記會注考證　〔日〕瀧川龜太郎撰。台北：萬卷樓圖書有限公司，1993。

十三經注疏　阮元校刻。杭州：浙江古籍出版社影印世界書局縮印本，1998。

詩集傳　朱熹撰。香港：中華書局，1961。

詩經百家別解考：國風　劉毓慶、賈培俊、張儒撰。太原：山西古籍出版社，2002。

詩經古義新證　季旭昇撰。北京：學苑出版社，2001。

詩經今譯今注　楊任之撰。天津市：天津古籍出版社，1986。

詩經三頌與先秦禮樂文化　姚小鷗撰。北京：北京廣播學院出版社，2000。

詩經異讀　趙帆聲撰。開封：河南大學出版社，2002。

詩經異文研究　陸錫興撰。北京：中國社會科學出版社，2001。

詩經疑難詞語辨析　楊合鳴撰。武漢：崇文書局，2002。

詩經語言研究　向熹撰。成都：四川人民出版社，1987。

詩經與周文化考論　張建軍撰。濟南：齊魯書社，2004。

詩經注析　程俊英、蔣見元撰。北京：中華書局，1991。

詩毛氏傳疏　陳奐撰。《續經解毛詩類彙編》，台北：藝文印書
　　館，1986。

詩三百篇探故　朱東潤撰。上海：上海古籍出版社，1981。

詩三家義集疏　王先謙撰。北京：中華書局，1987。

詩書成詞考釋　姜昆武撰。山東：齊魯書社，1989。

釋名匯校　任繼昉纂。濟南：齊魯書社，2006。

釋名疏證補　王先謙撰。上海：上海古籍出版社影印清光緒22年
　　（1896）本，1984。

書經集傳　蔡沈撰。《書經》，上海：上海古籍出版社，1987。

書傳補商　戴鈞衡撰。《續修四庫全書》冊50，上海：上海古籍
　　出版社，1995。

書纂言　吳澄撰。《通志堂經解》，台北：大通書局，1969。

雙劍誃群經新證　于省吾撰。上海：上海書店出版社，1999。

雙劍誃諸子新證　于省吾撰。上海：上海書店出版社，1999。

睡虎地秦簡文字編　陳振裕、劉信芳編。武漢：湖北人民出版
　　社，1993。

說文解字詁林　丁福保編。台北：商務印書館，1970。

說文解字考正　董蓮池撰。北京：作家出版社，2005。

說文解字約注　張舜徽撰。洛陽：中州書畫社，1983。

說文新證（上下冊）　季旭昇撰。台北：藝文引書館，2002-2004。

說苑校證　向宗魯撰。北京：中華書局，1987。

說苑今註今譯　盧元駿撰。台北：台灣商務印書館，1988。

說苑疏證　趙善詒撰。上海：華東師範大學出版社，1985。

T

太平御覽　李昉等編。清嘉慶17年（1812）鮑氏仿宋校刻，嶺南嘉華仙館藏本。

唐文粹　姚鉉編。台北：世界書局，1972。

田間易學　錢澄之撰。合肥：黃山書社，1998。

同源字典　王力撰。北京：商務印書館，1982。

同源字典補　劉鈞傑撰。北京：商務印書館，1999。

童書業史籍考證論集　童書業撰。北京：中華書局，2005。

通志堂經解　徐乾學等輯。台北：大通書局，1969。

W

王國維遺書　王國維撰。上海：上海古籍出版社，1983。

望山楚簡　湖北省文物考古研究所、北京大學中文系編。北京：中華書局，1995。

文史叢稿──上古思想、民俗與古文字學史　裘錫圭撰。上海：
　　上海遠東出版社，1996。

文選　蕭統編，李善注。北京：中華書局影印胡克家本，1977。

文選類詁　丁福保編。北京：中華書局，1990。

文子疏義　王利器撰。北京：中華書局，2000。

文字訓詁叢稿　單周堯撰。台北：文史哲出版社，2000。

吳越文字滙編　施謝捷編。南京：江蘇教育出版社，1998。

X

西周史　楊寬撰。台北：台灣商務印書館，1999。

夏商周原始文化要論　周延良撰。北京：學苑出版社，2004。

先秦史　呂思勉撰。香港：太平書局，1968。

先秦史十講　楊寬撰。上海：復旦大學出版社，2006。

先秦史研究概要　朱鳳瀚、徐勇編著。天津：天津教育出版社，
　　1996。

現代漢語詞典　中國社會科學院語言研究所詞典編輯室編。北
　　京：商務印書館，2002。

小爾雅匯校集釋　黃懷信撰。西安：三秦出版社，2003。

小爾雅今注　楊琳撰。上海：漢語大詞典出版社，2002。

小爾雅義證　胡承珙撰。《小學名著六種》，北京：中華書局影
　　印《四部備要》本，1998。

信陽楚墓　河南省文物研究所編。北京：文物出版社，1986。

新出青銅器研究　李學勤撰。北京：文物出版社，1990。

新出土文獻與古代文明研究　謝維揚、朱淵清主編。上海：上海大學出版社，2004。

新校正切宋本廣韻　陳彭年等撰，林尹校訂。台北：黎明文化事業公司，1976。

新石器文化與夏代文明　鄭杰祥撰。南京：江蘇教育出版社，2005。

新序校釋　劉向編著，石光瑛校釋。北京：中華書局，2001。

徐復語言文字學叢稿　徐復撰。南京：江蘇古籍出版社，1990。

續禮記集說　杭世駿撰。台北：明文書局，1992。

學林　王觀國撰。北京：中華書局，1988。

荀子補正　駱瑞鶴撰。武昌：武漢大學出版社，1997。

荀子集解　王先謙撰。《諸子集成》冊2，北京：中華書局，1954。

Y

顏氏家訓　顏之推撰。程榮輯《漢魏叢書》，長春：吉林大學出版社，1992。

顏氏家訓集解（增補本）　王利器撰。北京：中華書局，1993。

揚雄文集箋注　鄭文撰。成都：巴蜀書社，2000。

藝文類聚　歐陽詢撰，汪紹楹校。香港：中華書局，1973。

異語疏證　錢坫撰，張舜徽疏證。《舊學輯存》中冊，濟南：齊魯書社，1988。

逸周書的語言特點及其文獻學價值　周玉秀撰。北京：中華書局，2005。

逸周書彙校集注　黃懷信、張懋鎔、田旭東編。上海：上海古籍出版社，1995。

繹史　馬驌纂。濟南：齊魯書社，2000。

殷周金文集成釋文（第三卷）　中國社會科學院考古研究所編。香港：香港中文大學中國文化研究所，2001年。

銀雀山漢墓竹簡（壹）　銀雀山漢墓竹簡整理小組編。北京：文物出版社，1985。

玉篇　顧野王撰。《小學名著六種》，北京：中華書局影印《四部備要》本，1998。

玉篇校釋　胡吉宣撰。上海：上海古籍出版社，1989。

俞樾箚記五種　俞樾撰。台北：世界書局，1963。

語言文獻論衡　李若暉撰。成都：巴蜀書社，2005。

語言文字學研究　單周堯、陸鏡光主編。北京：中國社會科學出版社，2005。

原本玉篇文字研究　朱葆華撰。濟南：齊魯書社，2004。

Z

戰國楚簡研究　（日）淺野裕一撰。台北：萬卷樓圖書股份有限
　　公司，2004。

戰國古文字典　何琳儀撰。北京：中華書局，1998。

戰國史　楊寬撰。上海：上海人民出版社，1998。

戰國文字編　湯餘惠主編。福州：福建人民出版社，2001。

戰國文字通論　何琳儀撰。南京：江蘇教育出版社，2003。

正續一切經音義　釋慧琳、釋希麟撰。上海：上海古籍出版社影
　　印日本獅谷白蓮社翻刻本，1986。

正字通　張自烈撰。北京：國際文化出版社，1996。

中國出土古文獻十講　裘錫圭撰。上海：復旦大學出版社，
　　2004。

中國古代文明十講　李學勤撰。上海：復旦大學出版社，2003。

中國古代宗教與神話考　丁山撰。上海：上海文藝出版社，
　　1988。

中國古史的傳說時代　徐旭生撰。桂林：廣西師範大學出版社，
　　2003。

中國上古史論文摘要　王仲孚編。台北：國立編譯館，2002。

中國史探研　齊思和撰。石家莊：河北教育出版社，2000。

中國文字學　陳夢家撰。北京：中華書局，2006。

中國哲學史　鍾泰撰。瀋陽：遼寧教育出版社，1998。

中國哲學史新編　馮友蘭撰。北京：人民出版社，1998。

中華遠古史　王玉哲撰。上海：上海人民出版社，2003。

周禮名物詞研究　劉興均撰。成都：巴蜀書社，2001。

周易本義　朱熹撰。上海：上海古籍出版社影印世界書局本，1987。

周易古經今注　高亨撰。上海：上海書店影印1947年開明書店本，1991。

周易集解纂疏　李道平撰。北京：中華書局，1994。

周易學說　馬振彪撰。廣州：花城出版社，2002。

周易譯注　黃壽祺、張善文撰。上海：上海古籍出版社，1989。

諸子百家研究　高正撰。北京：中國社會科學出版社，1997。

諸子辨正　徐仁甫撰。成都：成都出版社，1993。

諸子箋校商補　劉如瑛撰。濟南：山東教育出版社，1995。

諸子平議　俞樾撰。上海：上海書店影印商務印書館《國學基本叢書》本，1988。

諸子通考　孫德謙撰。台北：廣文書局，1975。

諸子學述　羅焌撰。長沙：岳麓書社，1995。

朱德熙文集‧第五卷　朱德熙撰。北京：商務印書館，1999。

朱子語類　黎靖德編。（日）京都：中文出版社株式會社，1979。

莊子發微　鍾泰撰。上海：上海古籍出版社，2002。

莊子故言　朱季海撰。北京：中華書局，1987。

莊子集解、莊子集解內篇補正　王先謙、劉武撰。北京：中華書局，1987。

莊子集釋　郭慶藩撰。《諸子集成》冊3，北京：中華書局，1954。

莊子校詮　王叔岷撰。台北：中央研究院歷史語言研究所，1988。

綴古集　李學勤撰。上海：上海古籍出版社，1998。

子史精華　張廷玉等編。北京：北京古籍出版社，1996。

字詁　黃生撰。黃承吉《字詁義府合按》，北京：中華書局，1984。

左傳學論集　單周堯撰。台北：文史哲出版社，2000。

二、中文參考單篇論文（作者姓名漢語拼音序）

安徽大學古文字研究室：〈上海楚竹書（二）研讀記〉，朱淵清、廖名春編《上博館藏戰國楚竹書研究續編》，上海：上海書店出版社，2004。

白於藍：〈讀上博簡（二）劄記〉，朱淵清、廖名春編《上博館藏戰國楚竹書研究續編》，上海：上海書店出版社，2004。

邴尚白：〈《容成氏》的篇題及相關問題〉，朱淵清、廖名春編《上博館藏戰國楚竹書研究續編》，上海：上海書店出版社，2004。

陳秉新：〈《上海博物館藏戰國楚竹書（二）》補釋〉，《江漢考古》總第91期，2004年第2期。

陳劍：〈上博簡《民之父母》「而得既塞於四海矣」句解釋〉，朱淵清、廖名春編《上博館藏戰國楚竹書研究續編》，上海：上海書店出版社，2004。

陳劍：〈上博簡《容成氏》的竹簡拼合與編連問題小議〉，朱淵清、廖名春編《上博館藏戰國楚竹書研究續編》，上海：上海書店出版社，2004。

陳劍：〈上博簡《子羔》、《從政》篇的拼合與編連問題小議〉，簡帛研究網（03/01/08），http:// www.bamboosilk. org/Wssf/2003/chenjian01.htm。

陳立：〈上博簡（二）補釋四則〉，朱淵清、廖名春編《上博館

藏戰國楚竹書研究續編》，上海：上海書店出版社，2004。

陳麗桂：〈由表述形式與義理結構論《民之父母》與《孔子閒
居》及《論禮》之優劣〉，朱淵清、廖名春編《上博館藏戰
國楚竹書研究續編》，上海：上海書店出版社，2004。

陳麗桂：〈談《容成氏》的列簡錯置問題〉，朱淵清、廖名春
編《上博館藏戰國楚竹書研究續編》，上海：上海書店出版
社，2004。

陳斯鵬：〈上博藏簡（二）釋字二篇〉，朱淵清、廖名春編《上
博館藏戰國楚竹書研究續編》，上海：上海書店出版社，
2004。

陳偉：〈上海博物館藏楚竹書《從政》校讀〉，簡帛研究
網（03/01/10），http://www.jianbo.org/Wssf/2003/
chenwei01.htm。

陳偉：〈竹書《容成氏》所見九州〉，《中國史研究》，2003年8
月。

陳穎：〈長安縣新旺村出土的兩件青銅器〉，《文博》1985年第3
期。

陳英傑：〈讀上博簡（二）劄記五則〉，簡帛研究網
（2005/2/15），http://www.jianbo.org/admin3/2005/
chenyingjie002.htm。

方旭東：〈上博簡《民之父母》篇論析〉，朱淵清、廖名春編
《上博館藏戰國楚竹書研究續編》，上海：上海書店出版

社，2004。

高佑仁：〈談《唐虞之道》與《曹沫之陣》的「沒」字〉，簡帛網，http://www.bsm.org.cn/show_article.php?id=145，2005。

郭永秉：〈從上博楚簡《容成氏》的「有虞迥」說到唐虞史事的疑問〉，簡帛研究網（2005/11/7），http://www.jianbo.org/admin3/list.asp?id=1437。

郭永秉：〈釋上博簡《容成氏》的「無終」——兼論31、32號簡的位置〉簡帛研究網（2005/9/4），http://www.jianbo.org/admin3/list.asp?id=1426。

何琳儀：〈鄂君啟舟節釋地三則〉，《古文字研究》第22輯，北京：中華書局，2000。

何琳儀：〈第二批滬簡選釋〉，朱淵清、廖名春編《上博館藏戰國楚竹書研究續編》，上海：上海書店出版社，2004。

黃德寬：〈《戰國楚竹書（二）》釋文補正〉，《學術界》總第98期，2003年1月。

黃德寬、常森：〈漢字形義關係的疏離與彌合〉，《語文建設》，1994年12期。

黃麗娟：〈上博楚竹書《從政》二題〉，朱淵清、廖名春編《上博館藏戰國楚竹書研究續編》，上海：上海書店出版社，2004。

黃人二：〈讀上博藏簡容成氏書後〉，簡帛研究網

（03/01/15），http://www.jianbo.org/Wssf/2003/
huanrener01.htm。

黃盛璋：〈關於鄂君啟節交通路線的復原問題〉，《中華文史論
叢》第5輯，北京：中華書局，1964。

黃錫全：〈讀上博簡（二）劄記五則〉，《第四屆國際中國古文
字學研討會論文集》，香港：香港中文大學中國語言及文學
系，2003。

黃錫全：〈讀上博楚簡（二）劄記八則〉，朱淵清、廖名春編
《上博館藏戰國楚竹書研究續編》，上海：上海書店出版
社，2004。

季旭昇：〈讀《上博（二）》小議〉，簡帛研究網
（03/01/12），http://www.jianbo.org/Wssf/2003/
jixusheng01.htm。

姜廣輝：〈上博藏簡《容城氏》的思想意義〉，簡帛研究
網（03/01/09），http://www.jianbo.org/Wssf/2003/
jiangguanghui01.htm。

李存山：〈反思經史關係：從「啟攻益」說起〉，簡帛研
究網（03/01/20），http://www.jianbo.org/Wssf/2003/
lichunshan01.htm。

李銳：〈讀上博館藏楚簡（二）劄記〉，朱淵清、廖名春編《上
博館藏戰國楚竹書研究續編》，上海：上海書店出版社，
2004。

李銳：〈上博楚簡續劄〉，朱淵清、廖名春編《上博館藏戰國楚竹書研究續編》，上海：上海書店出版社，2004。

李守奎：〈讀《上海博物館藏戰國楚竹書》（二）雜識〉，朱淵清、廖名春編《上博館藏戰國楚竹書研究續編》，上海：上海書店出版社，2004。

廖名春：〈讀上博簡《容成氏》劄記（一）〉，簡帛研究網（02/12/27），http://www.jianbo.org/Wssf/2002/liaominchun03.htm。

林素清：〈《上博簡》（二）《民之父母》幾個疑難字的釋讀〉，朱淵清、廖名春編《上博館藏戰國楚竹書研究續編》，上海：上海書店出版社，2004。

劉漢生、高其良：〈釋「西」及其文化背景〉，《天中學刊》，1998年6月。

劉樂賢：〈讀上博簡《民之父母》等三篇劄記〉，簡帛研究網（03/01/10），http://www.jianbo.org/Wssf/2003/liulexian01.htm。

劉樂賢：〈讀上博簡《容成氏》小劄〉，朱淵清、廖名春編《上博館藏戰國楚竹書研究續編》，上海：上海書店出版社，2004。

劉信芳：〈上博藏竹書試讀〉，簡帛研究網（03/01/09），http://www.jianbo.org/ Wssf/2003/liuxinfang01.htm。

劉釗：〈《容成氏》釋讀一則〉，朱淵清、廖名春編《上博館藏

戰國楚竹書研究續編》，上海：上海書店出版社，2004。

羅新慧：〈《容成氏》、《唐虞之道》與戰國時期禪讓學說〉，
《齊魯學刊》，2003年11月。

孟蓬生：〈釋「象」〉，《古漢語研究》，1998年第3期。

孟蓬生：〈上博竹書(二)字詞劄記〉，朱淵清、廖名春編《上
博館藏戰國楚竹書研究續編》，上海：上海書店出版社，
2004。

寧鎮疆：〈由《民之父母》與定州、阜陽相關簡牘再說《家語》
的性質及成書〉，朱淵清、廖名春編《上博館藏戰國楚竹書
研究續編》，上海：上海書店出版社，2004。

龐樸：〈喜讀「五至三無」——初讀《上博簡（二）》〉，朱淵
清、廖名春編《上博館藏戰國楚竹書研究續編》，上海：上
海書店出版社，2004。

龐樸：〈試說「五至三無」〉，簡帛研究網（03/01/15），
http://www.jianbo.org/Wssf/2003/pangpu02.htm。

彭裕商：〈讀《戰國楚竹書（一）》隨記三則〉，謝維揚、朱淵
清主編《新出土文獻與古代文明研究》，上海：上海大學出
版社，2004。

彭裕商：〈上博簡《民之父母》對讀《禮記·孔子閒居》〉，簡
帛研究網（2004/3/13），http://www.jianbo.org/admin3/list.
asp?id=1120。

商承祚：〈談鄂君啟節銘文中幾個文字和幾個地名等問題〉，

《中華文史論叢》第6輯，北京：中華書局，1965。

史黨社：〈讀上博簡《容成氏》小記〉，簡帛研究網（2006/3/6），http://www.jianbo.org/admin3/list.asp?id=1473。

蘇建洲：〈《容成氏》補釋一則〉，簡帛研究網（2004/3/6），http://www.jianbo.org/admin3/list.asp?id=1113。

蘇建洲：〈上博楚竹書（二）考釋四則〉，簡帛研究網（03/01/18），http：//www.jianbo.org/Wssf/2003/sujianzhou05.htm。

蘇建洲：〈上博楚竹書《容成氏》、《昔者君老》考釋四則〉，簡帛研究網（03/01/15），http://www.jianbo.org/Wssf/2003/sujianzhou04.htm。

蘇建洲：〈《上博·民之父母》簡2「峕」字再議〉，簡帛研究網（03/01/20），http://www.jianbo.org/Wssf/2003/sujianzhou06.htm。

譚其驤：〈鄂君啟節銘文釋地〉，《中華文史論叢》第2輯，北京：中華書局，1962。

王志平：〈上博簡（二）劄記〉，朱淵清、廖名春編《上博館藏戰國楚竹書研究續編》，上海：上海書店出版社，2004。

王中江：〈《從政》重編校注〉，簡帛研究網（03/01/16），http://www.jianbo.org/Wssf/2003/ wangzhongjiang02.htm。

魏啟鵬：〈說「四方有敗」及「先王之遊」──讀《上博簡》

（二）箋記之一〉，朱淵清、廖名春編《上博館藏戰國楚竹書研究續編》，上海：上海書店出版社，2004。

徐在國：〈上博竹書（二）文字雜考〉，簡帛研究網（03/01/14），http://www.jianbo.org/Wssf/2003/xuzaiguo02.htm。

許全勝：〈《容成氏》篇釋地〉，朱淵清、廖名春編《上博館藏戰國楚竹書研究續編》，上海：上海書店出版社，2004。

晏昌貴：〈《容成氏》中的禹政〉，朱淵清、廖名春編《上博館藏戰國楚竹書研究續編》，上海：上海書店出版社，2004。

顏世鉉：〈上博楚竹書散論〉，《齊魯學刊》，2003年11月。

楊朝明：〈《從政》篇釋義三則〉，簡帛研究網（03/05/04），http://www.jianbo.org/Wssf/2003/yangchaoming02.htm。

楊朝明：〈上博竹書《從政》篇與子思子〉，黃懷信、李景明主編《儒家文獻研究》，濟南：齊魯書社，2004。

殷滌非、羅長銘：〈壽縣出土的「鄂君啟金節」〉，《文物參考資料》，1958年第4期。

于凱：〈上博楚簡《容成氏》疏劄九則〉，朱淵清、廖名春編《上博館藏戰國楚竹書研究續編》，上海：上海書店出版社，2004。

于省吾：〈「鄂君啟節」考釋〉，《考古》，1963年第8期。

俞志慧：〈《從政》：「三誓」、「三制」或者「三慎」？〉，簡帛研究網(03/01/21)，http://www.jianbo.org/Wssf/2003/

yuzhihui01.htm。

俞志慧：〈《上博館藏戰國楚竹書》（二）二題〉，朱淵清、廖名春編《上博館藏戰國楚竹書研究續編》，上海：上海書店出版社，2004。

張光裕：〈「五德」申說〉，簡帛研究網（2005/3/10），http://www.jianbo.org/admin3/list.asp?id=1347。

張光裕、鄧佩玲：〈上博竹書「其」、「己」通假例辨析〉，朱淵清、廖名春編《上博館藏戰國楚竹書研究續編》，上海：上海書店出版社，2004。

張桂光：〈新世紀古文字研究的若干思考〉，《第四屆國際中國文字學研討會論文集》，香港中文大學中國語言及文學系，2003。

張輝成：〈上博簡《容成氏》禪讓思想考論〉，《中山女高學報》，2003年12月。

張通海：〈上博簡《容成氏》補釋數則〉，《中國文字研究》第6輯，南寧市：廣西教育出版社，2005。

趙建偉：〈讀上博竹簡（二）札記七則〉，簡帛研究網（03/11/9），http://www.jianbo.org/admin3/list.asp?id=1037。

趙平安：〈《容成氏》所載「炮烙之刑」考〉，朱淵清、廖名春編《上博館藏戰國楚竹書研究續編》，上海：上海書店出版社，2004。

周鳳五：〈讀上博楚竹書《從政》甲篇札記〉，朱淵清、廖名春編《上博館藏戰國楚竹書研究續編》，上海：上海書店出版社，2004。

朱淵清：〈《容成氏》夾州、涂州、叙州考〉，朱淵清、廖名春編《上博館藏戰國楚竹書研究續編》，上海：上海書店出版社，2004。

朱淵清：〈「三制」解〉，簡帛研究網（03/01/13），http://www.jianbo.org/Wssf/2003/zhuyuanqing02.htm。